O JAR— DIM

1938
FUTUROS
SOTERRADOS
1979
PRESENTES
INVENTADOS
2011
PASSADOS
COLECIONADOS

LEONARDO MOREIRA

SESI-SP editora

TRÊS AÇÕES SIMULTÂNEAS:

FUTUROS SOTERRADOS (1938)
FERNANDA STEFANSKI E THIAGO AMARAL

PRESENTES INVENTADOS (1979)
LUCIANA PAES, MARIA AMÉLIA FARAH
E O PAI (EDISON SIMÃO)

PASSADOS COLECIONADOS (2011)
ALINE FILÓCOMO E PAULA PICARELLI

ESTE ESPETÁCULO FOI ESCRITO POR
LEONARDO MOREIRA EM PROCESSO
COLABORATIVO COM ATORES-FUNDADORES
DA CIA. HIATO — ALINE FILÓCOMO,
FERNANDA STEFANSKI, LUCIANA PAES,
MARIA AMÉLIA FARAH, PAULA PICARELLI
E THIAGO AMARAL — INSPIRADOS
EM SUAS BIOGRAFIAS PESSOAIS.

OS NOMES DOS PERSONAGENS
SÃO OS NOMES DOS ATORES QUE
CRIARAM O ESPETÁCULO.

CIA. HIATO — 2011

FICHA TÉCNICA DO ESPETÁCULO

DIREÇÃO E DRAMATURGIA:
LEONARDO MOREIRA

CENOGRAFIA E ILUMINAÇÃO:
MARISA BENTIVEGNA

ASSISTENTE DE CENOGRAFIA:
AYELÉN GASTALDI

MÚSICA ORIGINAL:
MARCELO PELLEGRINI

FIGURINOS:
THEODORO COCHRANE

ASSISTENTE DE DIREÇÃO:
AMANDA LYRA

PRODUÇÃO:
JOÃO VICTOR D'ALVES

GESTÃO:
AURA CUNHA

FOTÓGRAFOS:
BOB SOUSA
LÍGIA JARDIM
OTÁVIO DANTAS

FOTOS TIRADAS DURANTE
A TEMPORADA DE "O JARDIM",
SESC BELENZINHO — SÃO PAULO

OBSERVAÇÕES:

TODOS OS PERSONAGENS/ATORES ESTÃO EM CENA. THIAGO JOVEM CAMINHA EM CÍRCULOS PELO PALCO GRAMADO, ENQUANTO O PÚBLICO ENTRA. O PÚBLICO SE POSICIONA EM UMA DAS TRÊS PLATEIAS QUE CERCAM A ÁREA DE CENA.

THIAGO VELHO (O PAI) TOMA O LUGAR DE THIAGO JOVEM NA CAMINHADA, EM UM RITMO MUITO MAIS LENTO.

THIAGO JOVEM E THIAGO VELHO (O PAI) ESTÃO UM AO LADO DO OUTRO, EM AÇÕES SIMULTÂNEAS. AS CINCO ATRIZES DIVIDEM O ESPAÇO, POSICIONANDO INÚMERAS CAIXAS DE PAPELÃO, EM TRÊS ÁREAS CÊNICAS. TRÊS TEMPOS DE UMA MESMA HISTÓRIA SE SOBREPÕEM.

O PÚBLICO ASSISTIRÁ AO ESPETÁCULO EM ORDENS DIVERSAS, DEPENDENDO DE ONDE SE SENTA. OS ATORES REALIZARÃO UM RODÍZIO DE ESPAÇO CÊNICO. O PÚBLICO QUE ESTÁ SENTADO À ESQUERDA ASSISTIRÁ À SEQUÊNCIA CRONOLÓGICA: FUTUROS SOTERRADOS (1938), PRESENTES INVENTADOS (1979) E ENTÃO PASSADOS COLECIONADOS (2011). O PÚBLICO FRONTAL ASSISTIRÁ, NESTA ORDEM, A: PRESENTES INVENTADOS (1979), PASSADOS COLECIONADOS (2011) E FUTUROS SOTERRADOS (1938). JÁ O PÚBLICO SENTADO À DIREITA ASSISTIRÁ A: PASSADOS COLECIONADOS (2011), FUTUROS SOTERRADOS (1938) E PRESENTES COLECIONADOS (1979).

NA PRIMEIRA RODADA, AS CAIXAS ISOLAM AS CENAS VISUALMENTE. NA SEGUNDA RODADA, AS CAIXAS VÃO SENDO RETIRADAS E, ALÉM DAS INFORMAÇÕES SONORAS, O PÚBLICO PASSA A COMPARTILHAR TAMBÉM FRAGMENTOS DE UMA CENA JÁ VISTA E DE OUTRA, INÉDITA. NA ÚLTIMA RODADA, O PÚBLICO ASSISTE ÀS TRÊS CENAS SIMULTANEAMENTE (UMA CENA INÉDITA E OUTRAS DUAS JÁ VISTAS, DAS QUAIS ELE SE LEMBRA).

TEMPOS E ESPAÇOS SE CRUZAM. PRESENTE E PASSADO SE INTERCEPTAM.

POR FIM, O ESPAÇO VOLTA A SER ÚNICO E OS TRÊS NÚCLEOS DRAMÁTICOS PASSAM A DIALOGAR.

AQUI, O TEXTO ESTÁ REGISTRADO PARA REFORÇAR OS CRUZAMENTOS E SIMULTANEIDADES ENTRE OS TRÊS TEMPOS FICCIONAIS, RECONSTITUINDO A HISTÓRIA DESSA FAMÍLIA SEM CRONOLOGIA, ATRAVÉS DE FRAGMENTOS SOBREPOSTOS. COMO EM UMA LEMBRANÇA.

FUTU-
ROS
SOTER-
RADOS

THIAGO AMARAL E FERNANDA STEFANSKI

1. CAIXAS

1938. UM CASARÃO RECÉM-COMPRADO
COM UM JARDIM FLORESCENDO.

THIAGO ESTÁ ENTRE INÚMERAS CAIXAS DE SUA MUDANÇA.
EM ALGUMAS CAIXAS, ESTÁ ESCRITO "THIAGO", EM OUTRAS,
"FERNANDA". ELE ABRE ALGUMAS CAIXAS, ORGANIZA ALGUMAS
COISAS. RETIRA DAS CAIXAS UMA MÁQUINA DE ESCREVER
REMINGTON, QUE PARECE TER UM VALOR SENTIMENTAL GRANDE.
RETIRA UM ENVELOPE DO BOLSO E ESCONDE EMBAIXO DA
MÁQUINA DE ESCREVER. ELE PROCURA ALGUMAS GARRAFAS COM
BEBIDA E SE SERVE EM UMA TAÇA QUE ENCONTRA EM OUTRA
CAIXA. ELE TEM UM CURATIVO NA TESTA. FERNANDA CARREGA
UMA PEQUENA CAIXA DE PRESENTES EM SUAS MÃOS E EMPURRA
UMA OUTRA CAIXA QUE PARECE ESTAR PESADA. THIAGO NÃO
A AJUDA. ELA PARECE BEM DECIDIDA E PRÁTICA. SUA ATITUDE
FAZ PARECER QUE FOI ELA QUEM TERMINOU O RELACIONAMENTO.
DEIXA A PEQUENA CAIXA ENTRE AS OUTRAS. SEPARA
ALGUMAS CAIXAS COM SEU NOME ESCRITO. THIAGO NÃO A OLHA.
ELA PARA DE COSTAS E OLHA A PILHA DE PASSADOS.

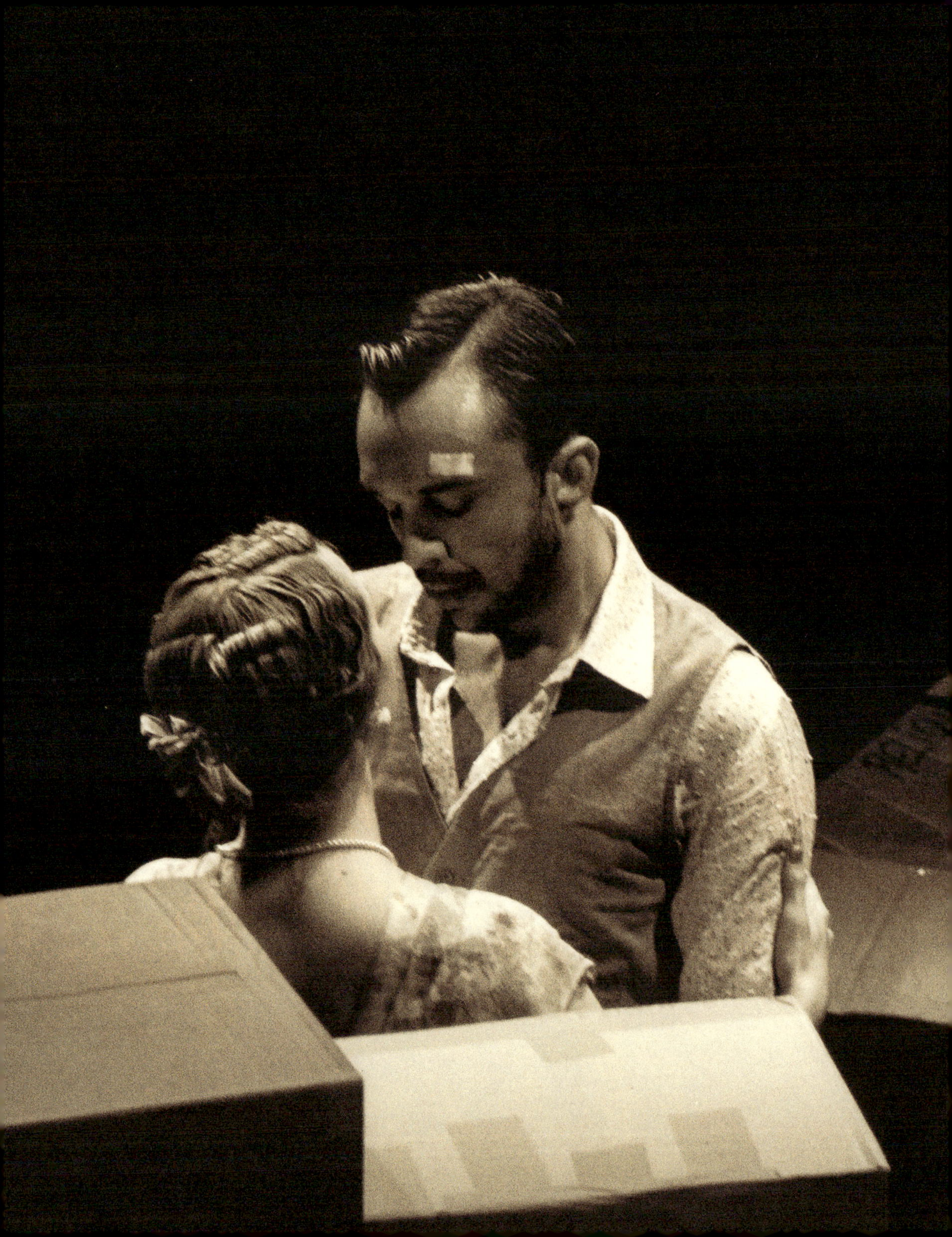

THIAGO (BAIXO, PARA SI MESMO)   Nós continuaríamos
colecionando passados na forma de quinquilharias.
Um sem o outro.
FERNANDA   Vai ser seu primeiro aniversário sem mim. Cinco
anos, oito meses e doze dias guardados em caixas de papelão.

FERNANDA AVANÇA SOBRE THIAGO, MUITO AGRESSIVA
E DESESPERADA.

THIAGO   Fernanda, para! Para, Fernanda, acabou. (PAUSA)
De novo não! Para Fernanda! Por favor! Por favor!

FERNANDA PARA. OS DOIS FICAM UM DO LADO DO OUTRO,
ENCOSTADAS NAS CAIXAS COM SEU PASSADO. THIAGO ACENDE
UM CIGARRO.

THIAGO   O que tinha sobrevivido não éramos nós.
FERNANDA (TENTANDO FAZER UM CARINHO EM THIAGO)
Mudou perfume. Você sabe que eu gosto de você com a
barba feita. (PAUSA) Não cortou o cabelo desde a última vez.
Você sem mim.

FERNANDA TENTA FAZER OUTRO GESTO DE CARINHO EM THIAGO,
QUE SE LEVANTA E VAI ATÉ SEU COPO. THIAGO BEBE E
CONTINUA A RETIRAR AS COISAS DAS CAIXAS. FERNANDA SE
LEVANTA E VOLTA A MEXER NAS CAIXAS. THIAGO PEGA SUA
MÁQUINA DE ESCREVER.

FERNANDA   Que horas são?
THIAGO   Umas 6.
FERNANDA   O tempo implacável por sua falta
de consideração conosco.
THIAGO (COM UM PORTA-RETRATOS VAZIO NAS MÃOS)
Quer o relógio de volta?
FERNANDA   Era o retrato do dia do noivado, o que estava aí.
THIAGO (OLHANDO O PORTA-RETRATOS)   As "nossas coisas"
continuariam com passado. Como se retira o passado
de uma "coisa nossa"?

2. O JARDIM

FERNANDA   Agora você vai ter um jardim. Como imaginamos. Com os nossos piqueniques, e comeríamos na grama, salada de maionese e ovos cozidos – você adora ovos cozinhos – e depois, nós dormiríamos um pouco em cima de uma toalha de mesa florida e a Aline ia...
THIAGO (INTERROMPE FERNANDA)   Juninho.
FERNANDA   Nós tínhamos imaginado tantos futuros para serem soterrados. Eu sonhei tanto com o jardim que a gente ia plantar, juntos, que é como se eu pudesse me lembrar dele.
THIAGO   Tínhamos feito de tudo. Tínhamos roubado um a vida do outro e tínhamos móveis, tínhamos viajado, tínhamos inventado datas importantes pra nos lembrar, tínhamos sobrevivido a um filho que nunca vimos. Só não tínhamos plantado... (PAUSA) ... um jardim.
FERNANDA   Posso te pedir uma coisa? Não esquece de plantar a minha flor preferida. Você lembra qual é?
THIAGO   Vou plantar o que eu quiser.
FERNANDA   O que nós tínhamos sido sendo coberto por uma grama verde e nova. (FALA UM TRECHO DE UMA CARTA RÔMANTICA EM POLONÊS)

UMA LONGA PAUSA.

FERNANDA   Fão, eu vou poder me lembrar de você? (PAUSA) Fão!

FERNANDA SE LEVANTA E VAI ATÉ THIAGO.

FERNANDA   Tucho!
THIAGO   Não me chama mais assim, por favor.
FERNANDA   Achei melhor vir na segunda, porque fim de semana... (PEGANDO UMA CAIXA) Trouxe uma coisas que ficaram.
THIAGO   Joga fora. Nada dura para sempre.
FERNANDA   Nada dura para sempre, mas as coisas sobram. As "nossas coisas".

FERNANDA ABRE A CAIXA DE PASSADOS E COMEÇA A RETIRAR OBJETOS DA CAIXA, COISAS SEM IMPORTÂNCIA ALGUMA — AS QUINQUILHARIAS DO AMOR — E VAI ENUMERANDO, EMOCIONADA — MAS TENTANDO SER PRÁTICA.

FERNANDA   As entradas do teatro, o lencinho do dia 5, a rolha, os presentes, o anel de noivado (começa a chorar), mechas de cabelo, bilhetes datilografados com a sua Remington, cartões-postais, roupas de momentos especiais, todas as nossas relíquias, nossa intimidade emaranha...
THIAGO   Para, Fernanda. De que adianta tudo isso agora?

FERNANDA ESTÁ MUITO EMOCIONADA, ENTRE OS OBJETOS QUE SOBRARAM DE SEU AMOR. THIAGO A INTERROMPE. GUARDA ALGUMAS COISAS DE VOLTA NA CAIXA E A LEVANTA.

THIAGO   Para! Eu não acredito mais em você, não confio mais em você, não te admiro mais. Não era assim que começaríamos a esquecer um do outro? (PAUSA) É muito estúpido ser infeliz por causa de um ideal.

FERNANDA FAZ CARINHO NO CABELO DE THIAGO E LÊ UMA CARTA EM POLONÊS, ENCONTRADA ENTRE O QUE TIROU DA CAIXA. CONTINUA FALANDO EM POLONÊS ATÉ QUE THIAGO RECOLHE SEUS OBJETOS.

THIAGO   Vai embora.
FERNANDA   Éramos tão diferentes do que nos lembrávamos.
THIAGO   Vai embora. Por favor. Acabou.
FERNANDA   O que eu queria te falar mesmo? Esqueci.

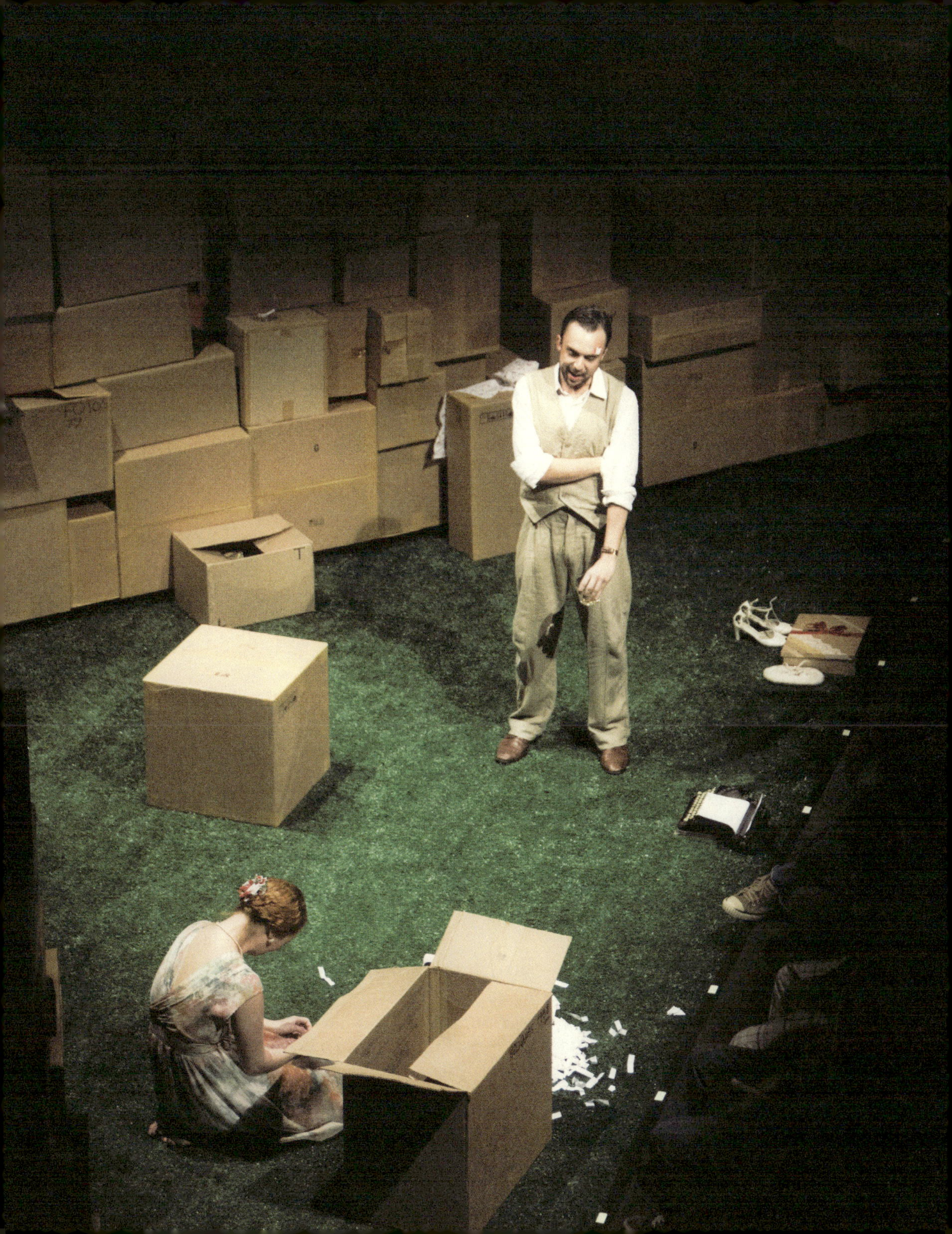

3. A FAMÍLIA

FERNANDA   Eu já vou. Só vim mesmo pra te dar um beijo de despedida, já que não vou te ver no seu aniversário. (PAUSA) E pra pegar a roupinha da Aline.
THIAGO   Do Juninho.
FERNANDA   Se fosse menino. Juninho. Pega pra mim.
THIAGO   Você não vai levar a roupa do Juninho!
FERNANDA   Onde está? Eu mesma pego.

FERNANDA COMEÇA A REMEXER AS CAIXAS DE THIAGO.

THIAGO   Você não vai levar a roupa do Juninho. Você não lembrou dele quando...
FERNANDA (INTERROMPENDO)   Não tem um só dia que eu não me lembre. Se eu vou urinar no banheiro, eu me lembro do sangramento, se eu...
THIAGO (INTERROMPENDO)   Você quis apagar todos os vestígos, transformou o quartinho em...
FERNANDA (INTERROMPENDO)   Eu não conseguia olhar pra...
THIAGO (INTERROMPENDO)   Então o que você vai fazer com a roupa do filho que você abortou?
FERNANDA   Abortamos.
THIAGO   Plural não diminui culpa.
FERNANDA   Eu vou levar o macacãozinho amarelo. Eu escolhi.
THIAGO   Você não vai me roubar essa lembrança.
FERNANDA   Pra que você quer a roupinha dele? Pra usar em outra criança, é isso?
THIAGO   Para, Fernanda!
FERNANDA   É isso? Fala baixo!

OS DOIS PARAM.

FERNANDA (MUITO EMOCIONADA)   Um filho morreu, tem outro pra esquecer o primeiro. Esqueci a Fernanda, vou usar a roupa do filho dela com outra. Planeja um jardim comigo e vai plantar cerejeiras nele com outra. É assim que eu vou te esquecer, Fernanda! Ou você é leviano comigo e vai me tirar

da sua vida como quem se desfaz de um gato doente e ainda vai usar a roupa da Aline no filho de outra mulher. Ou pior, você é leviano com essa sua outra mulher e vai usar a roupa do "nosso filho" no filho dela.
THIAGO   É isso, Fernanda, eu sou um canalha.
FERNANDA   É isso, você é um canalha.
THIAGO   Sou um canalha.
FERNANDA   É um canalha.
THIAGO   Sou.
FERNANDA   É.
THIAGO   E vou ter muitos outros filhos.
FERNANDA   Sem mim.
THIAGO   Sem você.
FERNANDA   Sem mim.
THIAGO   Sem você!
FERNANDA   Vai me bater de novo?

4. A MEMÓRIA DAS COISAS

THIAGO   Tivemos festas, tivemos beijos, tivemos fotografias, tivemos viagens, tivemos planos, tivemos apelidos.
FERNANDA   Não tivemos um jardim.
THIAGO   Agora tínhamos aquela vontade de esquecer um do outro. Mas o corpo é obstinado.
FERNANDA   Desculpa. (PAUSA) Lembrei!
THIAGO   Do quê?
FERNANDA   O que eu tinha que te falar, por que eu vim.

FERNANDA VAI ATÉ A CAIXA QUE TROUXE. MOSTRA UMA CAIXA DE FOTOS A THIAGO.

FERNANDA   Eu trouxe as fotos que você deixou lá.
THIAGO   Você achou?
FERNANDA   Eu não vou ficar com isso sozinha. (PAUSA) Tínhamos um museu pra compartilhar.

THIAGO OLHA A CAIXA DE FOTOS, EMOCIONADO.

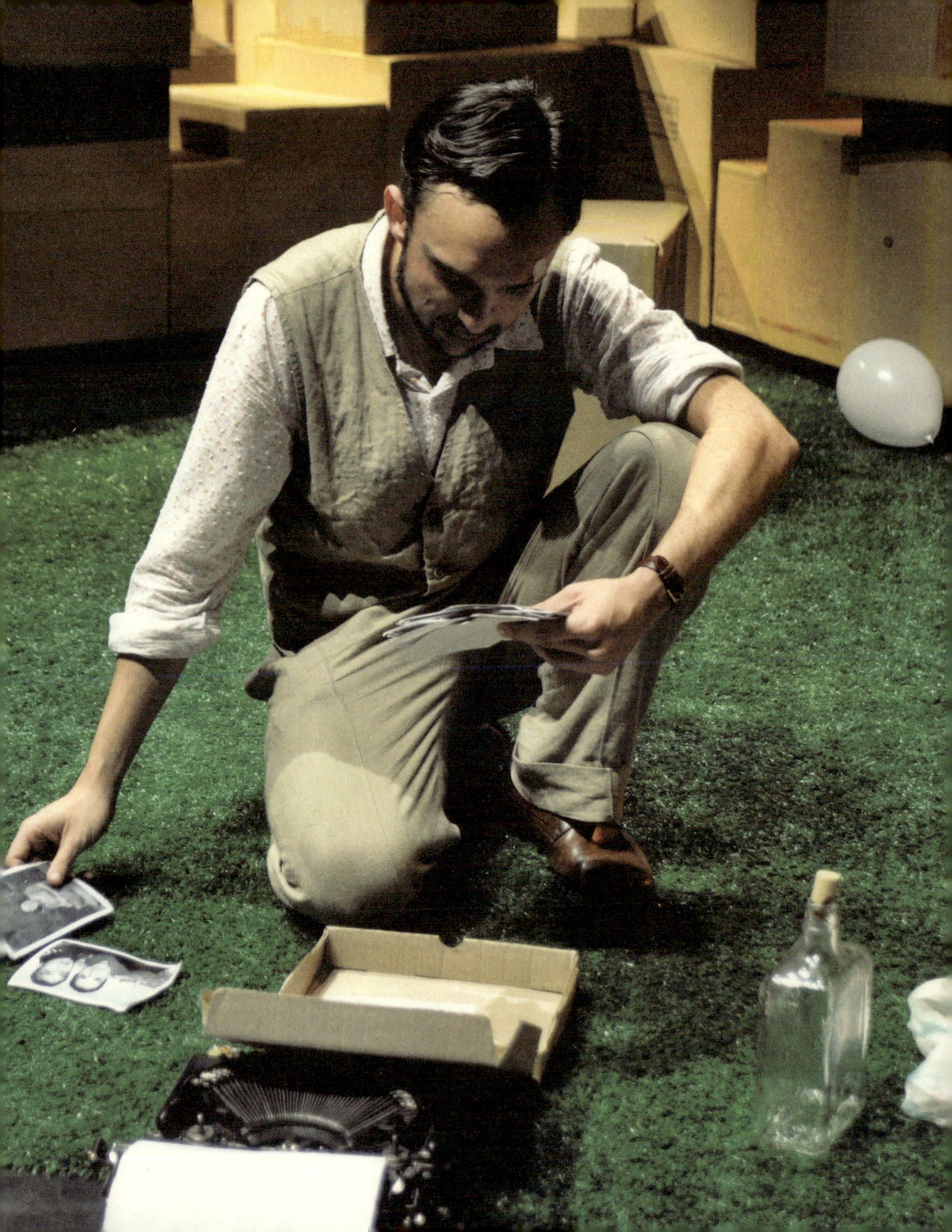

THIAGO   Tínhamos a caixa de fotos, onde muitos parentes, lugares, épocas, animais domésticos e cortes de cabelo suplicavam para que não fossem esquecidos.
FERNANDA   Aqui ficaria bom se você colocasse um armário.
THIAGO   Depois eu separo isso. O quê?
FERNANDA   Hã? Eu, se fosse morar aqui, colocaria
um armário. Bem aqui.
THIAGO   Eu não tenho nenhum móvel. Eu me vi assim, de repente, no meio de dezenas de caixas de taças de vinho, pratos, talheres, aquelas pilhas de roupa – que você escolheu pra mim, porque conhece o meu gosto mais do que eu
– e nenhum móvel.

FERNANDA PARA. OS DOIS ESTÃO DISTANTES.

THIAGO   Esses presentes de casamento ali, que nunca usamos.
FERNANDA   Nossos 538 convidados naquela caixa.
THIAGO   Se me perguntassem, há um tempo atrás, qual o dia mais feliz da minha vida, eu ia dizer, sem pensar, que foi a "nossa festa". Só de me perguntarem daquele dia, eu era capaz de ficar flutuando no ar, sem resposta. Mas agora eu guardei tudo nessas caixas.
FERNANDA   Quando foi que tínhamos começado a nos tornar só uma cópia do que a gente lembrava ser?
THIAGO   Semana passada eu comprei um valete. Sabe?
Um cabideiro pra quarto, de madeira assim, com uma parte assim e umas gavetinhas pra miudezas. Um valete duplo. Percebi que as roupas não vão pro lugar delas sem você.
Há 5 anos…
FERNANDA   …e 8 meses… isso acontecia. Mas agora, não me faz mais falta. Sem você, eu tenho um valete.

5. O PASSADO

THIAGO, EMOCIONADO, COMEÇA A CANTAROLAR BAIXO A MÚSICA DO CASAL ("JE LA MEMOIRE QUI FLANCHE", NA VERSÃO CANTADA POR JEANNE MORREAU). FERNANDA, A PRINCÍPIO, RECUSA REVIVER ESSE MOMENTO, MAS LOGO COMEÇA A SE DIVERTIR TAMBÉM. THIAGO CANTA PARA QUE FERNANDA DANCE. ELA DANÇA. OS DOIS SE DIVERTEM, COMO SE PUDÉSSEMOS VER UM *FRAME* DO INÍCIO DE SEU RELACIONAMENTO.

THIAGO Padadoudi doudadoudé doudoudi doudidou.
FERNANDA Para, Thiago.
THIAGO Lembra? (CANTA)
"J'ai la mémoire qui flanche
Je me souviens plus très bien
Voilà qu'après toutes ces nuits blanches
Il ne reste plus rien
Rien qu'un petit air
Qu'il sifflotait
Chaque jour en se rasant:
Padadoudidoudadoudé doudoudidoudidou"

THIAGO E FERNANDA SE BEIJAM POR UM LONGO TEMPO.

FERNANDA (AINDA BEIJANDO THIAGO) Tucho! Tucho! Você lembra a primeira vez que você foi dizer meu nome, nesse dia, e saiu assim, gaguejado? (PAUSA) Repete pra mim, Fão. Eu ainda sou sua polaca.
THIAGO (EMOCIONADO) Para, Fernanda, para.
FERNANDA Você não se esqueceu de mim. Diz olhando pra mim que você vai me esquecer. Diz, Fão. Eu não vou te esquecer. Diz se você tem coragem. (CONTINUA)
THIAGO Me deixa continuar. E não me chama mais assim.

ELE SE AFASTA DE FERNANDA E VOLTA A MEXER EM SUA REMINGTON.

THIAGO   Tínhamos escrito muitas páginas juntos. Mas ainda faltava um longo capítulo, capítulo que ainda faz parte daquela história, do amor: o esquecimento.
FERNANDA   Seu jardim sem mim.

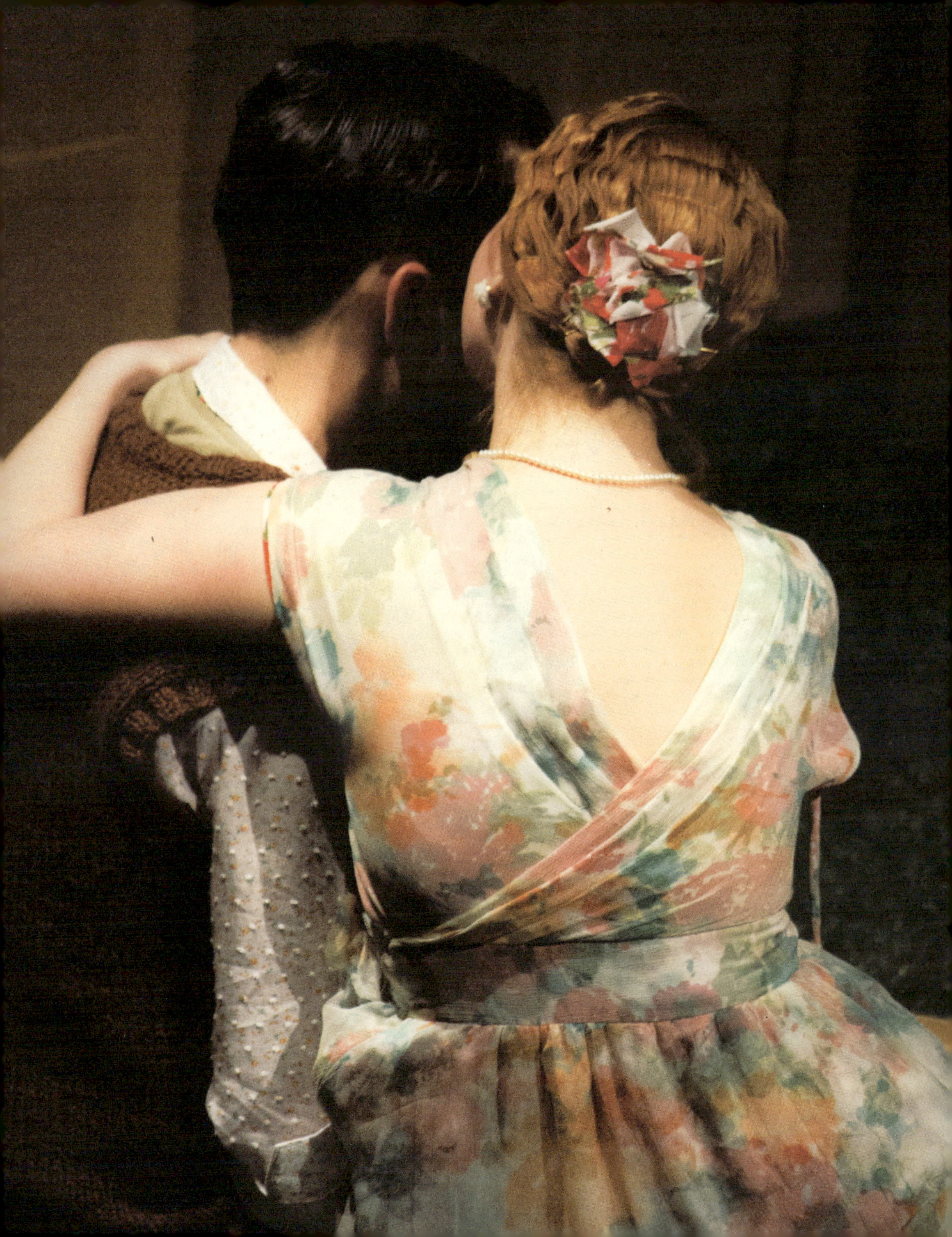

6. AS FOTOS

FERNANDA PEGA A CAIXA DE FOTOGRAFIAS

FERNANDA   Nós vamos dividir juntos. As fotografias. (REPETE, ENTREGANDO AS FOTOS PRA THIAGO) O seu jardim sem mim. Os móveis não são um problema em separações. Um tapete é sempre um tapete. Sempre serve. Isso faz com que ele possa continuar vivendo, em outra vida, em um novo contexto. Mas as fotografias, quando o contexto desaparece, não servem para nada. Só passado.

OS DOIS PASSAM UM TEMPO SEPARANDO AS FOTOGRAFIAS. CONTINUAM COM FRAGMENTOS DE MOMENTOS VIVIDOS JUNTOS POR ELES. RIEM MUITO.

THIAGO   Você lembra quando caiu macarrão no tapete... (RINDO)
FERNANDA   No dia do casamento, que você tirou... (RINDO) Lembra quando descobrimos a Aline...
THIAGO (INTERROMPENDO)   Juninho.
FERNANDA   Até isso você vai roubar de mim?

OS DOIS PERMANECEM PARADOS, COMO QUE PARA UMA FOTOGRAFIA FUTURA.

THIAGO   Pode ficar com o resto. Eu só quero essas duas.
FERNANDA   Tínhamos separado as fotografias. Afinal, havia alguma ordem, as coisas nos seus lugares, cada um de nós no início de uma estrada que o outro não pode acompanhar. Não gesticulamos. Estamos parados, sorrindo, como que para uma fotografia futura.

7. ANIVERSÁRIOS

FERNANDA RECOLHE AS OUTRAS FOTOGRAFIAS.
VAI ATÉ SUAS COISAS, CALÇA OS SAPATOS.

FERNANDA Quase me esqueci.

ELA COMEÇA A RETOCAR A MAQUIAGEM,
COM UM PRESENTE NAS MÃOS.

THIAGO O que devíamos fazer era gritar, um grito longo e feliz que soaria pelo jardim inteiro. (PAUSA) Era essa felicidade que deveríamos nos oferecer. Mas não fazemos, não faço.

FERNANDA TAMBÉM CANTAROLA "PARABÉNS PARA VOCÊ",
MOSTRANDO O PRESENTE PARA THIAGO.

FERNANDA (DANDO UM PRESENTE A THIAGO)
Feliz aniversário!
THIAGO Eu ia devolver o relógio, porque não se dá...
FERNANDA Abre. Sei que é só na quarta, mas como eu não sei se vou te ver...

THIAGO ABRE O PRESENTE. É UM CASACO.

THIAGO Obrigado.
FERNANDA Não dá azar comemorar antes, não. Você vai poder usar no seu jardim, olhando os pássaros e se esquecendo de tirar as ervas-daninhas. Nos dias frios. (PAUSA) Me promete que vai usar? Eu devia ter escrito meu nome na gola. Assim, meio gaguejado. Fe-fe-fernanda. Lembra porque você me chamava assim?
THIAGO Não.
FERNANDA Experimenta, Tucho.
THIAGO Não.
FERNANDA Só do que precisávamos era de um sim. (PAUSA) Por favor, Fão. Eu te ajudo!

THIAGO VESTE O CASACO POR CIMA DA CAMISA.
SEU CURATIVO ESTÁ SANGRANDO.

8. CICATRIZES

FERNANDA   Thiago, olha isso! Vou trocar esse curativo pra você, ou vai manchar o casaco novo. Onde tem mercúrio aqui?
THIAGO   Deve estar nessa caixa aí, perto das taças da nossa festa.

FERNANDA ATRAVESSA A CENA, ENTRA ONDE ESTÃO PAULA
E ALINE PARA PEGAR OS CURATIVOS.

FERNANDA (EM POLONÊS)   Você sem mim, hein?
THIAGO   São esquecimentos como esses que vamos lamentar.

FERNANDA VOLTA PRA PERTO DE THIAGO COMEÇA
A TROCAR SEU CURATIVO.

FERNANDA   Vai arder um pouquinho.
THIAGO   Ainda não cicatrizou.
FERNANDA   Essas coisas demoram mesmo. (PAUSA) E se nós já tivéssemos nos esquecido há muito tempo, só não tínhamos nos dado conta?
THIAGO   Ai, ai, polaca... assopra, assopra.

FERNANDA ASSOPRA, ENQUANTO TROCA O CURATIVO, SE
APROXIMA BASTANTE DE THIAGO. OS DOIS SE BEIJAM. THIAGO
A AFASTA. ELA TENTA MAIS UMA VEZ, SOBRE O SEU COLO.
THIAGO VIRA O ROSTO.

9. O CASACO

THIAGO COM O CASACO, AFASTA FERNANDA. ELA COMEÇA A DANÇAR PARA ELE. ELE APENAS A OBSERVA. A DANÇA DE FERNANDA VAI FICANDO CONSTRANGEDORA. ELA RETIRA A BLUSA, APROXIMA OS SEIOS DE THIAGO, COLOCA AS MÃOS DELE SOBRE ELA, TENTA BEIJÁ-LO. NÃO É UMA ATITUDE SENSUAL, MAS DESESPERADA.

THIAGO SAI, DEIXANDO FERNANDA NUA, NO CHÃO. FERNANDA CHORA.

FERNANDA (NO CHÃO, TRANSTORNADA, BEM BAIXO) Tucho!
THIAGO Thiago. É Thiago.
FERNANDA Tucho!
THIAGO Fernanda, não me chama mais assim. Eu não sou mais o Tucho, você não é mais a polaca.
FERNANDA Até isso você vai roubar de mim?
THIAGO Me deixa continuar. Por favor.
FERNANDA Me desculpa.
THIAGO Eu não acredito em você.
FERNANDA 22 de agosto de... (LEMBRA-SE)... 1938. O dia em que você começou a me esquecer. Que horas são?
THIAGO Quase 6. (PAUSA) Se pudéssemos nos lembrar, diríamos que se passaram séculos.
FERNANDA Apesar de tudo, o jardim ainda não tinha murchado.
THIAGO Fernanda, vamos começar de novo. Você entra de novo, a gente faz tudo do jeito certo, do jeito que a gente quer se lembrar. Vamos inventar uma boa memória do último dia que a gente se viu. Vai pro jardim! Levanta, Fernanda!

A CENA RECOMEÇA.

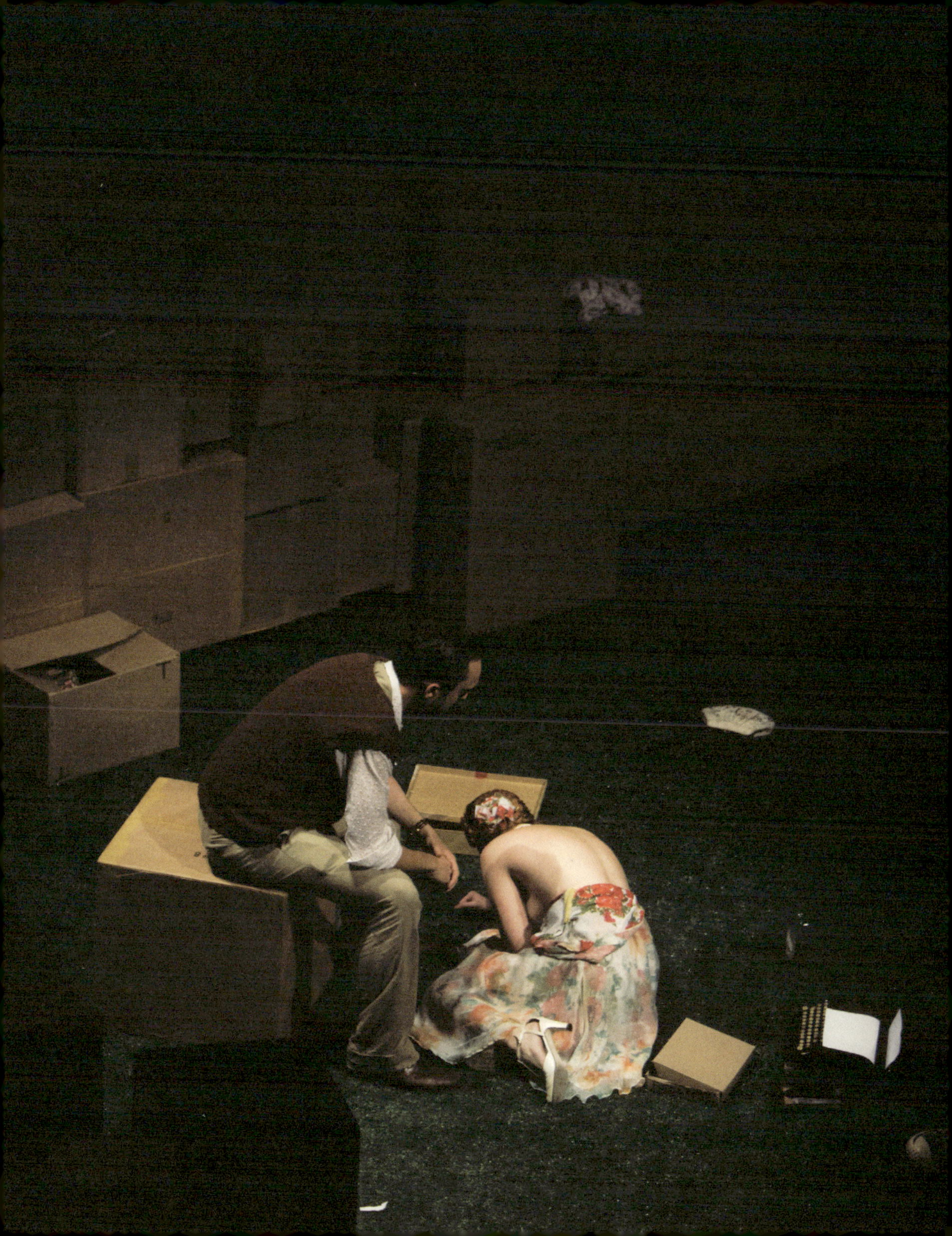

PRE—SENTES INVEN—TADOS

LUCIANA PAES, MARIA AMÉLIA FARAH E O PAI (EDISON SIMÃO)

1. CAIXAS

1979. UM CASARÃO DECADENTE COM UM JARDIM ABANDONADO.

MARIA AMÉLIA AJUDA THIAGO VELHO (O PAI) A SE SENTAR EM UMA DAS CAIXAS. ELA PARECE TRANQUILA, MAS OLHA NO RELÓGIO DO PULSO DO PAI DE TEMPOS EM TEMPOS. ELA ESTÁ GRÁVIDA DE OITO MESES, O QUE DIFICULTA TODA A AÇÃO. VAI COMEÇAR A BARBEAR O PAI. COLOCA ESPUMA EM SEU ROSTO, AJEITA O ROSTO DO PAI DE FORMA POUCO CARINHOSA E COMEÇA A BARBEÁ-LO. O PAI PARECE ALHEIO A TUDO ISSO, TEM UMA CICATRIZ NA TESTA. LUCIANA MUDA ALGUMAS CAIXAS DE LUGAR, UM POUCO DESAJEITADA. ELA PARECE PROCURAR ALGUMA COISA QUE NÃO ENCONTRA, O QUE A DEIXA IMPACIENTE.

ELA PARECE BEM DECIDIDA E PRÁTICA. MARIA AMÉLIA NEM A OLHA, ENTRETIDA COM O PAI. IRRITADA, LUCIANA DESISTE DE PROCURAR, PARA POR UNS SEGUNDOS, OLHA O PAI E VIRA-SE PARA AS CAIXAS, DE COSTAS, EVITANDO OLHAR O PAI.

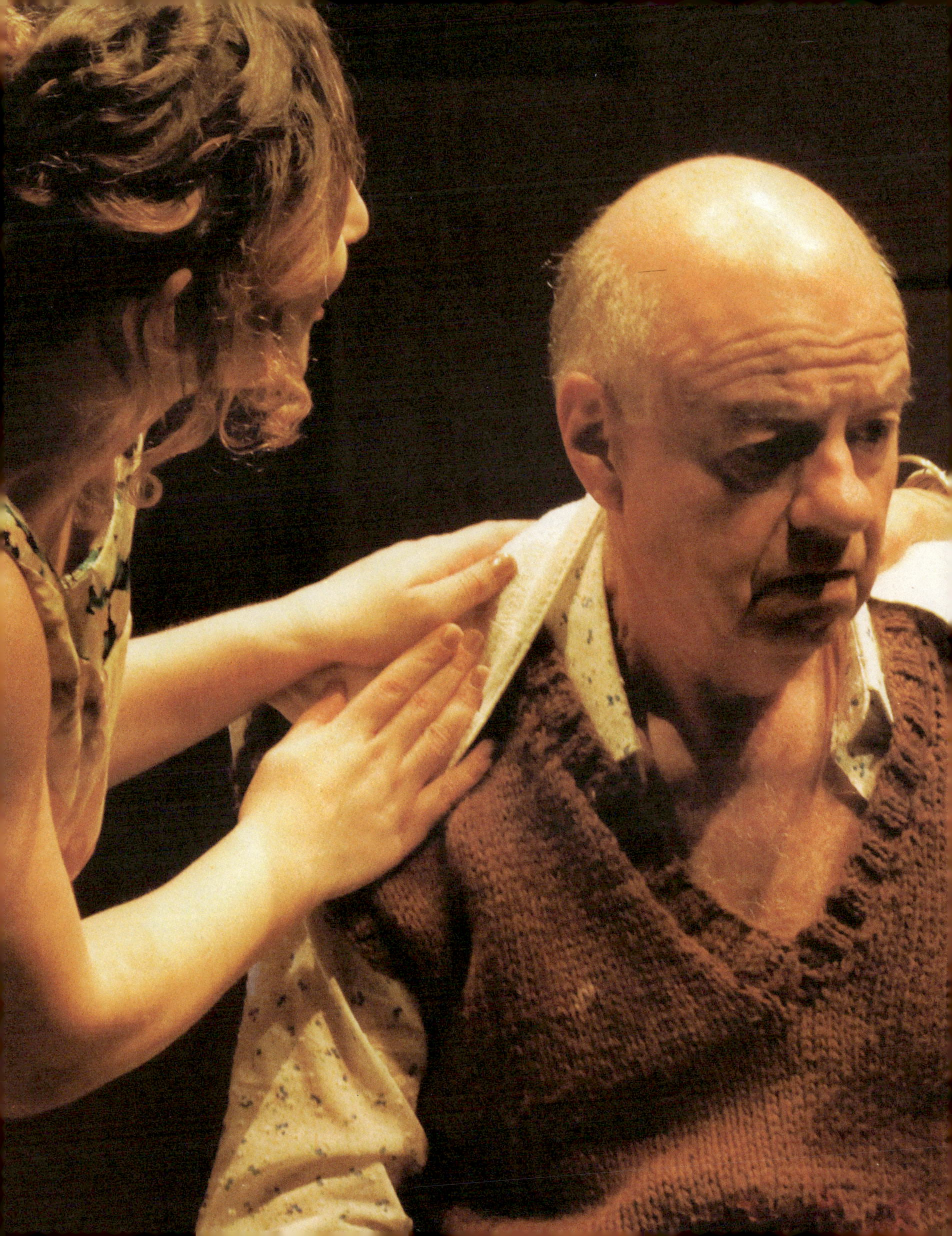

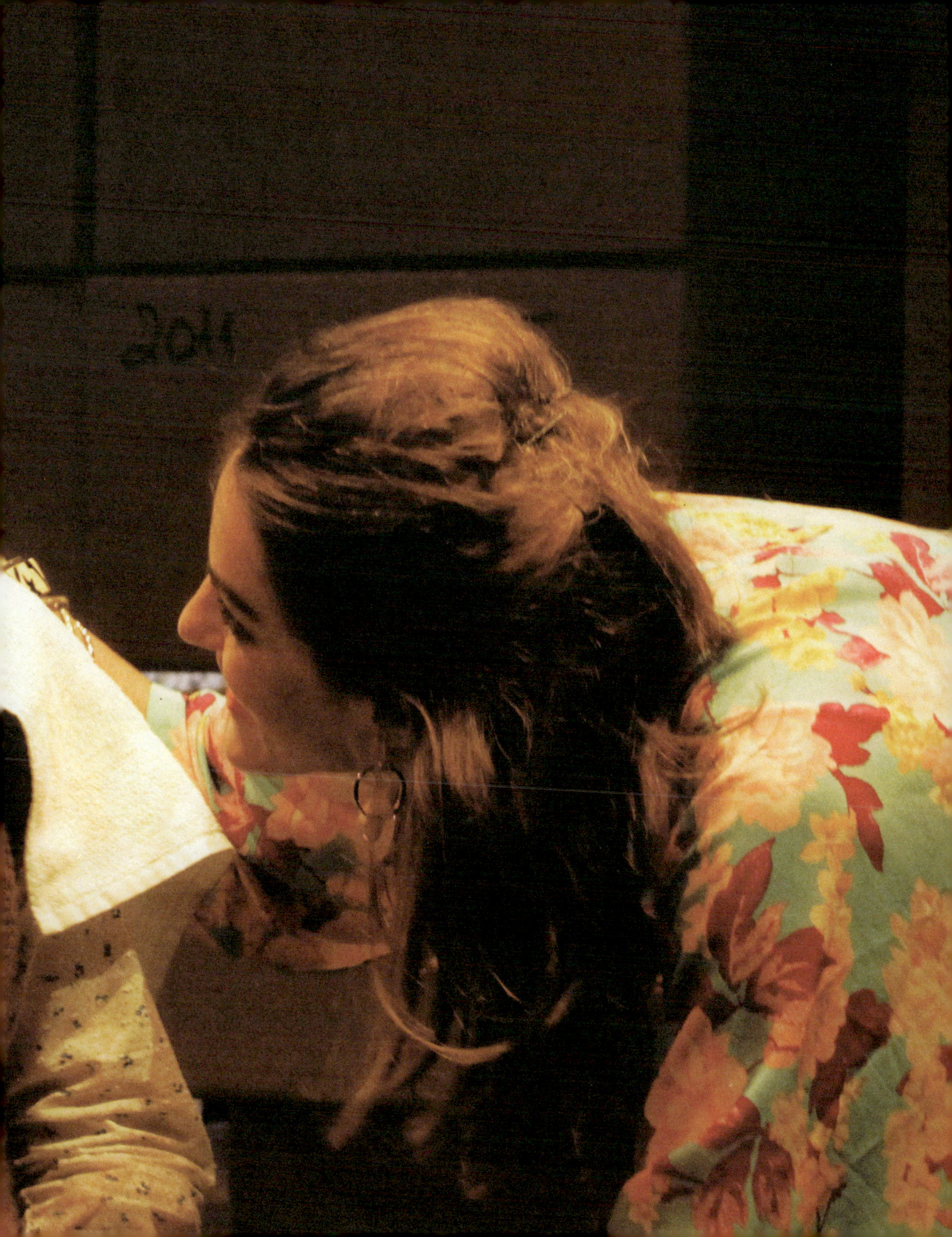

LUCIANA (PROCURANDO)   *Tout se passe au meme moment.*
Odeio não lembrar onde eu coloquei as coisas. Tenho certeza de que os balões estavam aqui. (CONTINUA A PROCURAR. ALINE RECOLHE UM PACOTE DE BALÕES DO CHÃO.)

THIAGO (BAIXO, PARA SI MESMO)   Nós continuaríamos colecionando passados na forma de quinquilharias. Um sem o outro.

ALINE   Tudo mofado aqui, hein, Paula? Esse buraco na parede não pode aparecer. Você limpou bem, Paula?

FERNANDA   Vai ser seu primeiro aniversário sem mim. Cinco anos, oito meses e doze dias guardados em caixas de papelão.

MARIA AMÉLIA   Vai ser o primeiro aniversário dele sem mim, desde que a mãe morreu.

PAULA   Vai ser a primeira festinha aqui na casa desde que a Dona Maria Amélia morreu.

LUCIANA   O que a outra queria fazer era gritar, um grito longo e feliz que soaria pelo jardim inteiro. Era essa felicidade que ela deveria oferecer a ela e ao pai. Mas ela não o faz.

ALINE (VIRA-SE PARA ELA E FALA BAIXO)   Já está gravando, Paula. Você lembra de tudo o que eu te expliquei: olhar pra frente...

PAULA   O que era mesmo? Ai, Dona Lili, eu não sei se vou conseguir, porque... (É INTERROMPIDA PELO BARULHO QUE VEM DE 1938)

FERNANDA AVANÇA SOBRE THIAGO, MUITO AGRESSIVA E DESESPERADA.

THIAGO   Fernanda, para! Para, Fernanda, acabou. (PAUSA. MARIA AMÉLIA E LUCIANA ESCUTAM ATRÁS DAS CAIXAS. ALINE E PAULA, COM MEDO, TAMBÉM OBSERVAM O QUE ACONTECE FORA DO SEU AMBIENTE.) de novo não! Para Fernanda! Por favor! Por favor!

MARIA AMÉLIA (CONTINUA A BARBEAR THIAGO VELHO)   Hoje começaram cedo. Ela queria agradecer aos vizinhos pela gentileza de a terem libertado do silêncio daquele jardim, quase seco desde que a outra tinha ido.

ALINE   Hoje começaram cedo.

LUCIANA (PROCURA, DEIXA CAIR UMA CAIXA)   Droga!

PAULA Achei! (RETIRA DE UMA CAIXA UMA GARRAFA DE CHAMPANHE) Não falei que estava na caixa embaixo daquela com as taças de festa?
ALINE Não quebrou nada não, né? Deixa aí, com o bolo.

FERNANDA PARA, OS DOIS FICAM UM DO LADO DO OUTRO, ENCOSTADAS NAS CAIXAS COM SEU PASSADO. THIAGO ACENDE UM CIGARRO.

LUCIANA DESISTE DE PROCURAR E SENTA-SE NO CHÃO, FICA OLHANDO DE LONGE O PAI E A IRMÃ. ACENDE UM CIGARRO.

PAULA (SENTANDO-SE, CANSADA) Não. Você sobrevive nas coisas que sobram. É um jeito de pra sempre.
THIAGO O que tinha sobrevivido não éramos nós.
LUCIANA O que tinha sobrevivido não era ele.
ALINE Onde eles estão?
PAULA Lá na sala dos quinze. Falaram que iam limpar, mas não limpam. Quebraram a vidraça lá. Estão fumando lá, Dona Lili. Aqui fica aquele fedor. (PAUSA, RETIRA UMA FOTO DE THIAGO CRIANÇA DA CAIXA) Mas o resto está organizadinho, limpinho, as coleções da Dona Maria Amélia, pra festinha de despedida...
ALINE (INTERROMPENDO) E o Cazuza?
PAULA No jardim.

ALINE FAZ UM GESTO PARA PAULA SE LEVANTAR. CHAMA POR ELA. ALINE SENTA-A EM UMA CAIXA.

PAULA Ah, desculpa, esqueci, Dona Lili.
ALINE (BAIXO, PARA ELA, AJEITANDO O CABELO DELA) Do-na A-li-ne! Lembra, Paula? Já está gravando. Arruma o cabelo, assim. Pra frente. Você sem mim.
FERNANDA (TENTANDO FAZER UM CARINHO EM THIAGO) Mudou perfume. Você sabe que eu gosto de você com a barba feita. Não cortou o cabelo desde a última vez. Você sem mim.
MARIA AMÉLIA Luciana, fuma pra lá, por favor!
FERNANDA Você não vai na barbearia? Pro seu aniversário, pra mim.
LUCIANA Ai, desculpa, esqueci.

PAULA   Desculpa. Esqueci, Dona Li... Aline.

FERNANDA TENTA FAZER OUTRO GESTO DE CARINHO EM
THIAGO, QUE SE LEVANTA E VAI ATÉ SEU COPO. THIAGO
BEBE E CONTINUA A RETIRAR AS COISAS DAS CAIXAS.

LUCIANA SE LEVANTA E VOLTA A MEXER NAS CAIXAS.

PAULA SENTADA, ENQUANTO ALINE PASSA BATOM NELA.

PAULA   Esse é daquele que não sai? A gente esfrega, mas ainda tem uma lembrança de que a gente já foi bonita.

MARIA AMÉLIA (TERMINANDO DE BARBEAR)   Outro dia a tia Lourdes veio visitar o pai.

ALINE   E a... aquilo de escrever? Do vovô. O... como é mesmo o nome?

PAULA   Máquina de escrever.

THIAGO PEGA SUA MÁQUINA DE ESCREVER.

ALINE   Isso. Lembrou onde colocou?

MARIA AMÉLIA   Falou que precisava chamar um jardineiro, acredita? Nunca veio, desde que a mãe morreu.

PAULA   Não, acho que eles estão usando. (TENTA SE LEVANTAR, ALINE A SEGURA)

MARIA AMÉLIA   Aposto que foram contar pra ela que o pai está indo... (THIAGO VELHO TENTA SE LEVANTAR)

ENQUANTO ISSO, LUCIANA ENCONTRA UMA CAIXA EM QUE ESTÁ
ESCRITO "RETRATOS". VAI TIRANDO MUITOS ÁLBUNS FLORIDOS,
COM FOTOGRAFIAS DA FAMÍLIA. LUCIANA E THIAGO RETIRAM
ÁLBUNS DE CAIXAS, EM SINCRONIA.

ALINE   Não, senta, senta! Arruma o cabelo.

MARIA AMÉLIA   Não, pai! Senta! Se você não ficar queitinho a gilete vai te machucar.

PAULA E ALINE SE AJEITAM, COCHICHAM ENTRE SI, COMBINAM
ALGUMAS COISAS. ALINE, BEM BAIXO, ORDENA QUE PAULA

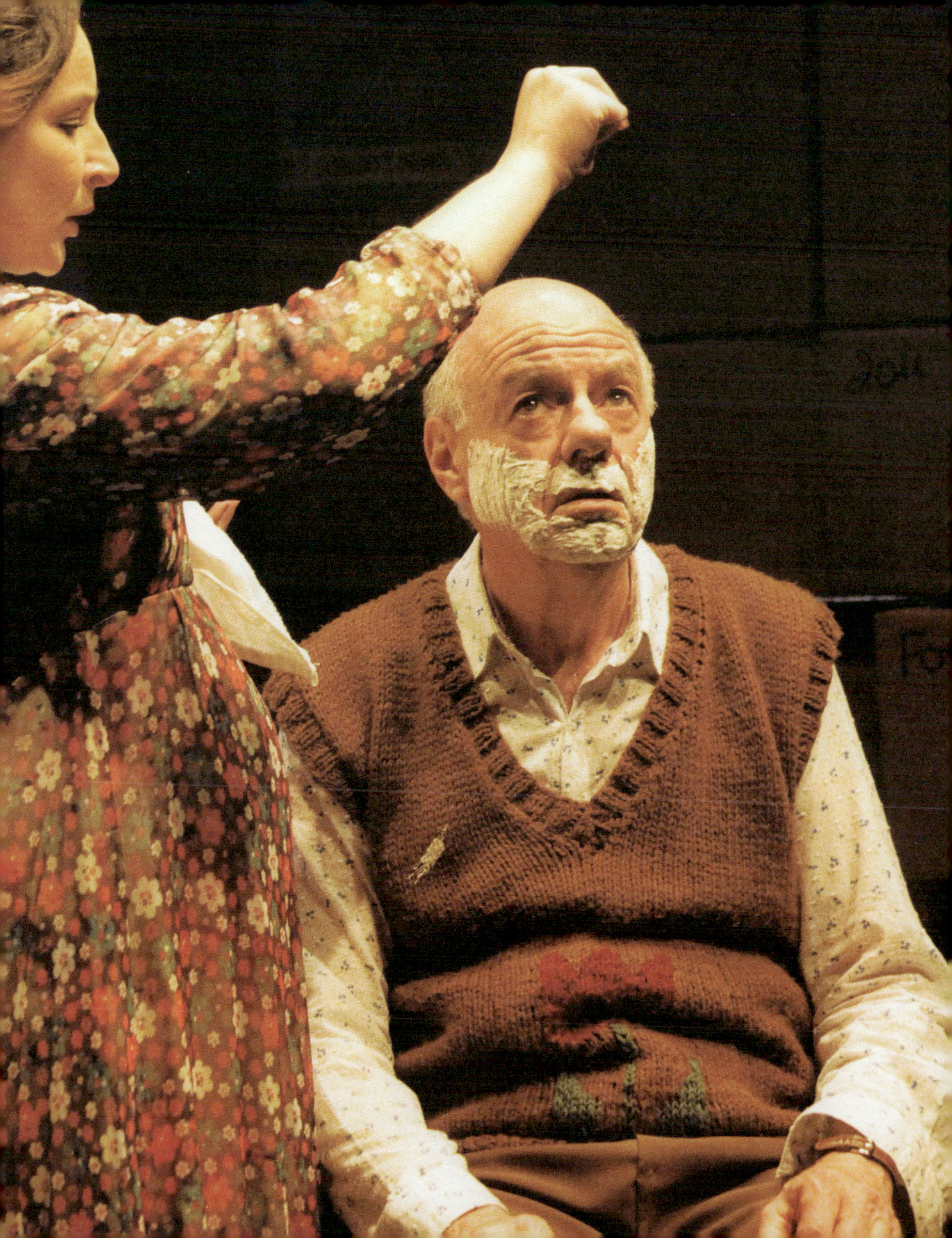

PEGUE AS CAIXAS. AS DUAS COMEÇAM A ESPALHAR OBJETOS NA FRENTE DA CENA. SÃO OBJETOS QUE PARECEM TER UM VALOR SENTIMENTAL. FOTOGRAFIAS. ALGUNS SÃO OBJETOS QUE JÁ VIMOS NAS OUTRAS DUAS CENAS. UM TEMPO NESSA AÇÃO.

FERNANDA Que horas são?
LUCIANA Que horas eles marcaram de vir buscar o pai?
THIAGO Umas 6.
MARIA AMÉLIA Umas 6.
FERNANDA O tempo implacável por sua falta de consideração conosco.
THIAGO *(COM UM PORTA-RETRATOS VAZIO NAS MÃOS)* Quer o relógio de volta?
FERNANDA Era o retrato do dia do noivado, o que estava aí.
MARIA AMÉLIA *(OLHANDO AS HORAS NO RELÓGIO DO PAI)* Ela cedia, tinha que ceder. Sempre teve que ceder. Era assim que a outra se lembraria dela.
THIAGO *(OLHANDO O PORTA-RETRATOS)* As "nossas coisas" continuariam com passado. Como se retira o passado de uma "coisa nossa"?
ALINE *(TERMINANDO DE ARRUMAR SUA COLEÇÃO DE OBJETOS DE FAMÍLIA)*. Você não joga fora uma coisa de família.

2. O JARDIM

FERNANDA Agora você vai ter um jardim. Como imaginamos. Com os nossos piqueniques, e comeríamos na grama, salada de maionese e ovos cozidos – você adora ovos cozinhos – e depois, nós dormiríamos um pouco em cima de uma toalha de mesa florida e a Aline ia...
MARIA AMÉLIA *(OLHANDO O PAI, PARA LUCIANA)* Hoje ele não está aqui. Nem de gostar de barba feita ele lembra mais. Depois que a mãe morreu, ele mal enxergava, mas fazia a barba todo dia. O que é pai? O que foi? *(THIAGO VELHO FAZ UM GESTO, APROXIMANDO OS DEDOS, COMO SE PEDISSE ÁGUA)*
THIAGO *(INTERROMPE FERNANDA)* Juninho.

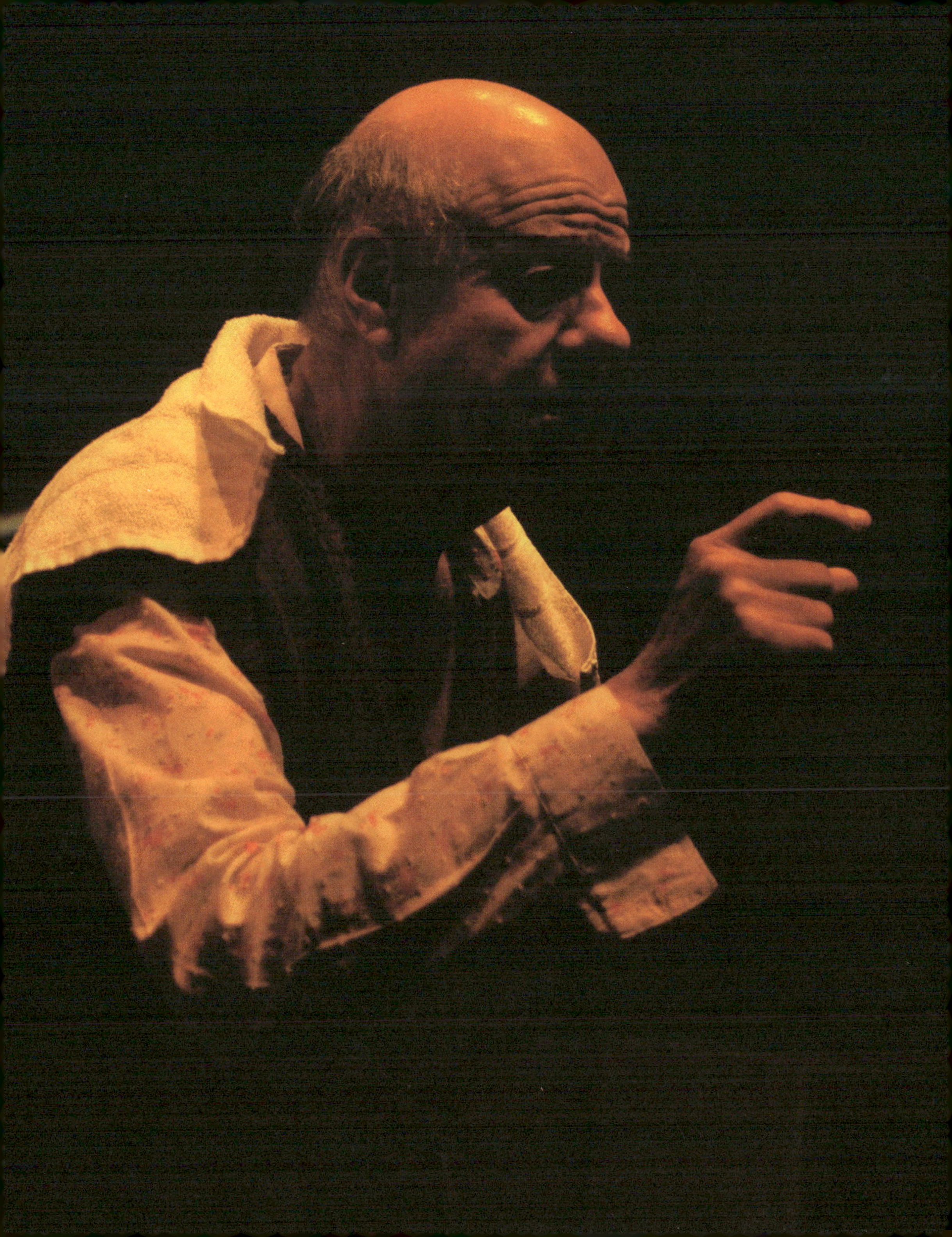

MARIA AMÉLIA   Parece que sabe e está fazendo de pirraça. Nossa, essa blusa está com cheiro!

FERNANDA   Nós tínhamos imaginado tantos futuros para serem soterrados.

LUCIANA (SEPARANDO AS FOTOGRAFIAS)   É tão difícil separar o ontem do hoje.

ALINE (POSICIONA-SE COM ALINE DE FRENTE PARA UMA CÂMERA IMAGINÁRIA)   Você fica parada, sem gestos, imóvel. Como que para uma fotografia futura.

PAULA (AINDA BAIXO, OLHANDO PARA ALINE)   Você acha difícil separar o ontem do hoje. É muito triste ser mandada embora assim, nunca mais ver o jardim. Antigamente era a coisa mais linda do mundo...

ALINE (INTERROMPENDO)   Pra frente, Paula. O tempo que te resta, feliz, no jardim.

FERNANDA   Eu sonhei tanto com o jardim que a gente ia plantar, juntos, que é como se eu pudesse me lembrar dele.

THIAGO   Tínhamos feito de tudo. Tínhamos roubado um a vida do outro e tínhamos móveis, tínhamos viajado, tínhamos inventado datas importantes pra nos lembrar, tínhamos sobrevivido a um filho que nunca vimos. Só não tínhamos plantado...

LUCIANA   Olha esse...

THIAGO   ...um jardim.

LUCIANA   ...jardim nas fotografias! Antigamente era a coisa mais linda do mundo, não é, Maria Amélia?

MARIA AMÉLIA (TENTANDO TIRAR A BLUSA DO PAI)   Tão diferente do que é hoje. O tempo implacável por sua falta de consideração com o jardim.

FERNANDA   Posso te pedir uma coisa? Não esquece de plantar a minha flor preferida. Você lembra qual é? (PAUSA)

THIAGO   Vou plantar o que eu quiser.

LUCIANA (COM AS FOTOS, ENQUANTO MARIA AMÉLIA TENTA TIRAR O CASACO DO PAI)   Eu vou separar umas fotos pro pai! O que você acha? Umas fotos pra ele levar com ele! Pra lembrar da gente.

FERNANDA   O que nós tínhamos sido sendo coberto por uma grama verde e nova. (FALA UM TRECHO DE UMA CARTA ROMÂNTICA EM POLONÊS)

34

LUCIANA (ENCONTRA UMA FOTO)   Esse dia, foi nesse dia que puseram um passarinho morto no meu bolso. O alvoroço que eu senti quando peguei o corpinho frio, macio, as pernas parecendo… como é?… alfinetes. As pernas e o pescoço pareciam úmidas e tinha um pequeno tufo…

ALINE   Olá, meu nome é Aline. Aline Paes de Barros. Essa é a Paula.

PAULA   Isso. Meu nome é Paula. Eu tenho 32…

ALINE   Mais alto.

PAULA (BEM ALTO)   Meu nome é Paula. Eu tenho 32 anos, eu trabalho na casa da Dona Aline.

FERNANDA   Fão, eu vou poder me lembrar de você? (PAUSA) Fão!

LUCIANA (SEM SABER, DESCREVENDO A LUTA DE MARIA AMÉLIA PARA TIRAR A BLUSA DE THIAGO VELHO)   …bem em cima dos olhos. O bico estava fechado com força. Coloquei minha mão embaixo de uma asa, eu queria tocar naquele lugar secreto e macio…

FERNANDA SE LEVANTA E VAI ATÉ THIAGO.

MARIA AMÉLIA (IRRITADA POR NÃO CONSEGUIR TIRAR A BLUSA DO PAI)   Pai, você tem que me ajudar!

FERNANDA (IRRITADA)   Tucho!

THIAGO   Não me chama mais assim, por favor.

FERNANDA   Achei melhor vir na segunda, porque fim de semana…

MARIA AMÉLIA   O que elas tinham sido murchando como as azaleias do jardim do pai.

ALINE   Você começa agradecendo. Antes, eu queria agradecer a todos os que curtiram e comentaram os últimos vídeos. O apoio de todos vocês nessa hora difícil é muito importante. O enterro da mamãe foi lindo. Choveu. Não foi, Paula?

PAULA   Chiquérrimo. Dona Maria Amélia estava muito bonita.

ALINE   Eu preparei um bolo pra essa despedida. Nossa festinha de despedida, com uns docinhos que mamãe adorava. Mostra o bolo, Paula.

FERNANDA (PEGANDO UMA CAIXA)   Trouxe umas coisas que ficaram.

35

MARIA AMÉLIA (PEGANDO UMA CAIXA) Luciana, estou preocupada. Acho que não vai dar tempo...

THIAGO Joga fora. Nada dura para sempre.

LUCIANA Claro que vai Mamé! Sempre negativa! O bolo já não está pronto?

PAULA EXIBE O BOLO, SORRINDO.

ALINE Porque hoje é o último dia na casa do jardim. Você comemora pra não se esquecer.

MARIA AMÉLIA É que não sei pra que fazer festa hoje! O aniversário dele é só depois de amanhã. Podia fazer no asilo mesmo.

LUCIANA Ele ia adorar comemorar lá, com gente que ele nem sabe quem é.

MARIA AMÉLIA Luciana, ele não sabe mais nem quem a gente é.

FERNANDA Nada dura para sempre, mas as coisas sobram.

LUCIANA Mas eu sei quem ele é, Maria Amélia.

FERNANDA As "nossas coisas".

LUCIANA O bolo está pronto, as madeleines da mamãe também, só faltam os balões, cortar o... o... o negocinho das balinhas... e gravar o recadinho.

FERNANDA ABRE A CAIXA DE PASSADOS E COMEÇA A RETIRAR OBJETOS DA CAIXA, COISAS SEM IMPORTÂNCIA ALGUMA — AS QUINQUILHARIAS DO AMOR — E VAI ENUMERANDO, EMOCIONADA — MAS TENTANDO SER PRÁTICA.

FERNANDA As entradas do teatro, o lencinho do dia cinco, a rolha, os presentes, o anel de noivado (COMEÇA A CHORAR)

MARIA AMÉLIA Não esquece de separar o que você quer da caixa da mãe, pelo amor de Deus, desde o velório dela está aí.

PAULA Os outros vão, você fica aqui sozinha, com as coisas que sobram.

LUCIANA (BAIXO) Eu já te expliquei umas mil vezes: eu não pude vir, sou atriz.

FERNANDA Mechas de cabelo, bilhetes datilografados com a sua Remington, cartões-postais, roupas de momentos especiais, todas as nossas relíquias, nossa intimidade emaranha...

MARIA AMÉLIA (MOSTRANDO A CAIXA) Já separei o que eu quero guardar, se não vou jogar o resto fora.
LUCIANA *Ça vá.*
THIAGO Para, Fernanda. De que adianta tudo isso agora?
ALINE Hoje, 22 de agosto de 2011, eu e Paula estamos aqui para prestar uma homenagem à mamãe, que nos deixou, mas que vai sempre estar em nossos corações, junto de Deus. Porque com Deus existindo, tudo dá esperança: sempre um milagre é possível, mesmo nessas condições.
PAULA Tendo Deus, é menos grave se descuidar um pouquinho, pois no fim dá certo.
ALINE Fotografa, Paula, fotografa!
LUCIANA (IRÔNICA) Muito obrigada, Maria Amélia. Ainda bem que você lembrou. Vou fazer isso agora.
MARIA AMÉLIA Porque depois você vai, eu fico aqui sozinha, com as sobras. **(OLHA O PAI)**
FERNANDA (CONTINUANDO, COM SUAS SOBRAS) Mais entradas do cinema, o anel de noivado, a medalha do clube, a certidão, as cartas do mês que...

FERNANDA ESTÁ MUITO EMOCIONADA, ENTRE OS OBJETOS QUE SOBRARAM DE SEU AMOR. THIAGO A INTERROMPE. GUARDA ALGUMAS COISAS DE VOLTA NA CAIXA E A LEVANTA.

THIAGO Para! Eu não acredito mais em você, não confio mais em você, não te admiro mais. Não era assim que começaríamos a esquecer um do outro?
MARIA AMÉLIA Nossa! Precisava ter cortado o cabelo dele. Enfermeira é quem mais repara nessas coisas, aí vai ficar falando que a família não cuidava.
THIAGO É muito estúpido ser infeliz por causa de um ideal.

FERNANDA FAZ CARINHO NO CABELO DE THIAGO E LÊ UMA CARTA EM POLONÊS, ENCONTRADA ENTRE O QUE TIROU DA CAIXA.

LUCIANA (ABRINDO A CAIXA COM COISAS DA MÃE) Só de olhar para as coisas, é como se ela voltasse ao mesmo campo de batalhas de onde tinha fugido. O passado ali, cheirando a mofo. Ela podia fingir que a lembrança do passarinho morto e do vestido da mãe e da Remington do pai eram só passado. Mas isso não fazia as coisas menos dela do que já tinham sido.

FERNANDA (LÊ CARTA EM POLONÊS)
        ALINE (MOSTRANDO O RELICÁRIO DE OBJETOS) Só de olhar pra para as coisas, é como se você voltasse a uma época feliz, em que o gramado era verde, em que essas paredes não eram ruínas, em que você podia chamar esse jardim de "seu", sem esses poloneses.
        PAULA Você olha o passado, ali, cheirando a mofo.

THIAGO VELHO SE INCLINA, MARIA AMÉLIA O AJEITA. ELE ESTÁ AUSENTE.

LUCIANA (OLHANDO MARIA AMÉLIA) De todas as heranças da mãe, a outra tinha herdado a melhor, a mais secreta. Aquela calma silenciosa, sem de repentes. Aquela era sua religião.
        ALINE Faz uma semana que mamãe morreu. Nos últimos dias (SE EMOCIONA) foi muito difícil. Apesar das incontáveis ocasiões em que eu me lembro de como aconteceu, ainda é complicado entender, aceitar.

O PAI CANTAROLA UMA MÚSICA FRANCESA ("JE LA MÉMOIRE QUI FLANCHE") E CONSEGUE SE LEVANTAR.

THIAGO VELHO *Padadoudi doudadoudé doudoudi doudidou.*

MARIA AMÉLIA VAI ATÉ ELE E CONSEGUE FAZÊ-LO SENTAR-SE COM UMA DANÇA. O PAI SE INCLINA, MARIA AMÉLIA O AJEITA DE NOVO.

FERNANDA Éramos tão diferentes do que nos lembrávamos.
        MARIA AMÉLIA Agora, olhando para trás, ela era tão diferente do que ela achou que seria.
        ALINE As coisas são tão diferentes de como você achou que seriam.

THIAGO RECOLHE AS COISAS DE FERNANDA E ENTREGA PARA ELA.

THIAGO - Vai embora. Por favor. Acabou.
FERNANDA. O que eu queria te falar mesmo? Esqueci.
PAULA Achei. (MOSTRA A MÁQUINA FOTOGRÁFICA)

3. A FAMÍLIA

ALINE A Paula está fotogrando algumas coisas, depois eu vou publicar para vocês curtirem e comentarem. Não vou colocar nenhum tipo de privacidade. Mas eu queria deixar claro que esses objetos não estão à venda, por favor não insistam, porque eles têm um valor sentimental gigantesco, são coisas que pertenceram a gerações da família Paes de Barros. Objetos de meus bisavós Maria Alice e Bosco, meus avós Thiago e Dona Assi, uma história de amor linda; minha tia Luciana, minha mãe... (EMOCIONADA)
PAULA (PARA A CÂMERA) Dona Maria Amélia era uma pessoa muito boa. Sempre hospedou.
ALINE Hospedou.
PAULA Ela e a Dona Luciana, irmã dela que já faleceu também, as duas hospedavam. Muito boas.
ALINE (FAZENDO CARINHO NAS CAIXAS) Hoje estamos aqui nos despedindo. Nos despedindo da Casa do Jardim.
FERNANDA. Eu já vou. Só vim mesmo pra te dar um beijo de despedida, já que não vou te ver no seu aniversário.
ALINE Esse quarto, cheio de memórias hoje, já foi o quarto das crianças. Eu dormia aqui, na mesma cama de tia Luciana – aqui tinha uma cama, não é, Paula?
PAULA É. Você queria é que o tempo não passasse mais. Se as coisas parassem de estragar, vocês nem iam perceber que já eram outras.
MARIA AMÉLIA (VENDO QUE LUCIANA ENCONTROU UM VESTIDO DA MÃE) Esse vestido era da mãe. Deixa eu te ajudar. Ficaria bem em você, mas como você não vai ter filho...
ALINE Hoje, apenas essas caixas, com as coisas de mamãe, apenas memórias, recordações de um tempo... (É INTERROMPIDA PELA BRIGA QUE VEM DE TRÁS DAS CAIXAS)

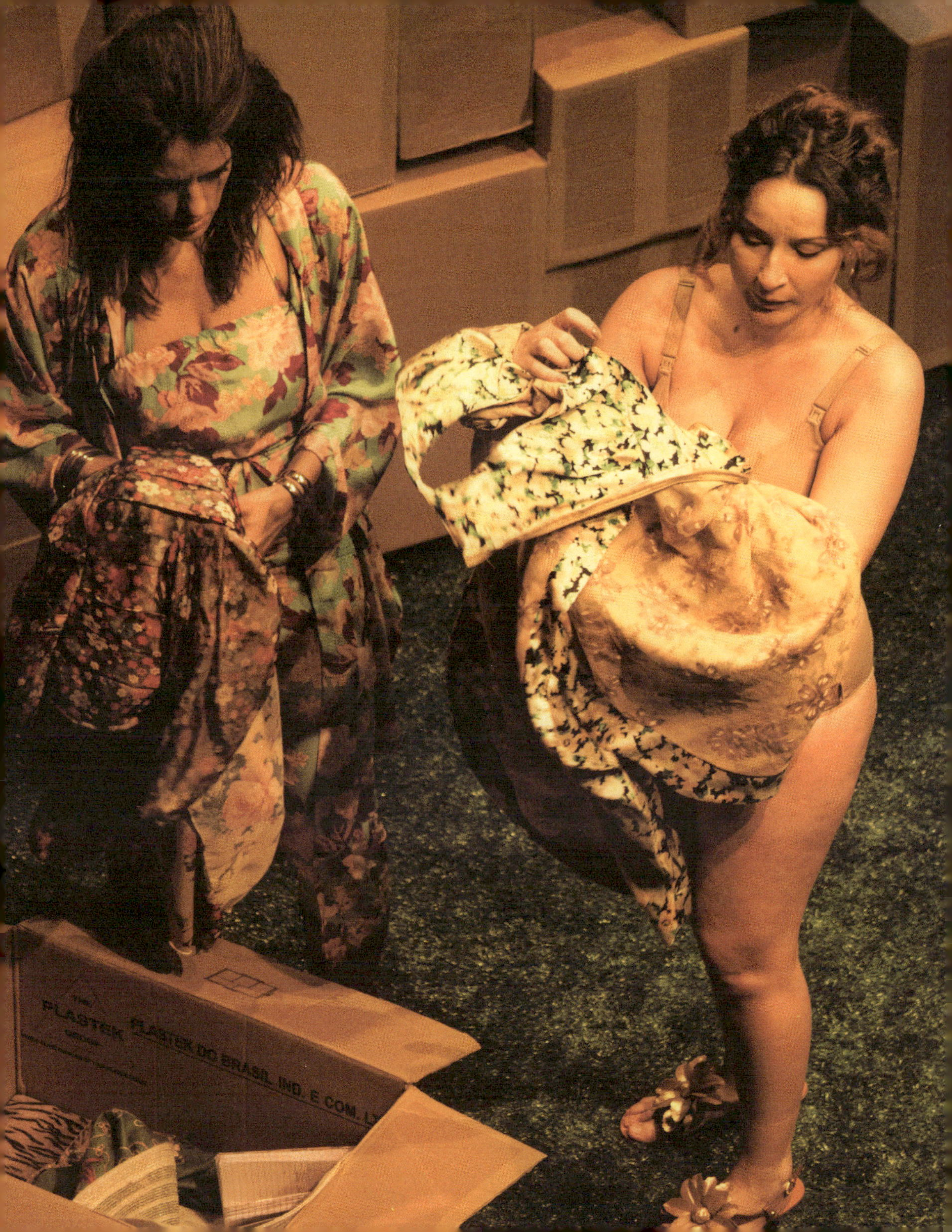
PLASTEK
PLASTEK DO BRASIL IND. E COM.

LUCIANA (RETIRANDO A CAMISOLA) É melhor ficar com você, então.
MARIA AMÉLIA (DEVOLVENDO) Não. Desculpa. Eu não quis... ai, desculpa.
LUCIANA Imagina.
FERNANDA (CONTINUA) E pra pegar a roupinha da Aline.
THIAGO Do Juninho.
FERNANDA Se fosse menino, Juninho. Pega pra mim.
THIAGO Você não vai levar a roupa do Juninho!
FERNANDA Onde está? Eu mesma pego.

FERNANDA COMEÇA A REMEXER AS CAIXAS DE THIAGO.

MARIA AMÉLIA E LUCIANA FICAM UM TEMPO SE OLHANDO, AMBAS SEGURANDO O VESTIDO DA MÃE. ELAS NÃO FALAM NADA, NEM RIEM, BEM SECAS. FERNANDA E THIAGO BRIGAM ENQUANTO LUCIANA CEDE E MARIA AMÉLIA VESTE-SE COM O VESTIDO DA MÃE, MOSTRANDO SUA BARRIGA DE OITO MESES. THIAGO VELHO LEVANTA-SE E CAMINHA DEVAGAR ATÉ UMA DIREÇÃO OPOSTA A ELAS, FAZENDO O MESMO GESTO DE ANTES, COM SEDE.

NESSE TEMPO, ALINE E PAULA ESCONDEM-SE ENTRE AS CAIXAS, COM MEDO DA BRIGA.

THIAGO Você não vai levar a roupa do Juninho. Você não lembrou dele quando...
FERNANDA (INTERROMPENDO) Não tem um só dia que eu não me lembre. Se eu vou urinar no banheiro, eu me lembro do sangramento, se eu...
THIAGO (INTERROMPENDO) Você quis apagar todos os vestígios, transformou o quartinho em...
FERNANDA (INTERROMPENDO) Eu não conseguia olhar pra...
THIAGO (INTERROMPENDO) Então o que você vai fazer com a roupa do filho que você abortou?
FERNANDA Abortamos.
THIAGO Plural não diminui culpa.
FERNANDA Eu vou levar o macacãozinho amarelo. Eu escolhi.
THIAGO Você não vai me roubar essa lembrança.

FERNANDA   Pra que você quer a roupinha dele? Pra usar em outra criança, é isso?
THIAGO   Para, Fernanda!
ALINE (PARA A CÂMERA, SUSSURRANDO COMO UMA DENÚNCIA)   Os poloneses!
FERNANDA   É isso? Fala baixo! (OS DOIS PARAM)
MARIA AMÉLIA (ELA ACABA DE SE VESTIR ASSIM QUE A BRIGA ACABA E CORRE PARA VOLTAR A SENTAR O PAI)   Ele fica tão agitado quando os vizinhos brigam.
LUCIANA   Eu estou achando ele mais alegrinho hoje. Também, ele sabe que vai ter festa!
MARIA AMÉLIA   Não. O que você quer, pai? É... daqui a pouco tem festa de aniversário! A gente vai cantar aquela música que você adora!
ALINE   Fotografa, Paula, fotografa!
LUCIANA (VOLTANDO A PEGAR OS ÁLBUNS)   Você sabe por que ele nunca cantou parabéns pra você, só aquela música francesa cafona?

PAULA, ESCONDIDA, FOTOGRAFA A BRIGA DE THIAGO E FERNANDA.

MARIA AMÉLIA (CARINHOSA COM O PAI)   Não é cafona. Eu gosto, mas não lembro mais a letra direito. (CANTAROLA UM TRECHO DE "ALINE", VERSÃO CANTADA POR CHRISTOPHE.)
LUCIANA   Não dá azar comemorar aniversário antes da hora, né, Maria Amélia?

ALINE E PAULA SE RECOMPÕEM DIANTE DA CÂMERA.

FERNANDA (MUITO EMOCIONADA)   Um filho morreu, tem outro pra esquecer o primeiro. Esqueci a Fernanda, vou usar a roupa do filho dela com outra. Planeja um jardim comigo e vai plantar cerejeiras nele com outra. É assim que eu vou te esquecer, Fernanda! Ou você é leviano comigo e vai me tirar da sua vida como quem se desfaz de um gato doente e ainda vai usar a roupa da Aline no filho de outra mulher. Ou pior, você é leviano com essa sua outra mulher e vai usar a roupa do "nosso filho" no filho dela.

ALINE   Você pede desculpas. Peço desculpas a vocês, mas é bom que vocês vejam o que está acontecendo. Esse video não é só uma homenagem à mamãe e a esse jardim – que era tão lindo. Esse video é também uma denúncia. Você denuncia. Porque a Casa do Jardim está sendo desapropriada. Vieram uns poloneses e começaram a ocupar a casa, dizendo que eram donos da propriedade. A casa foi sendo tomada. Eu e Paula ficamos aqui, trancadas como dois gatos doentes... o abacateiro entupiu a calha, quando chove é uma tristeza... A Paula foi limpar a calha e caiu...

THIAGO   É isso, Fernanda, eu sou um canalha.
FERNANDA   É isso, você é um canalha.
THIAGO   Sou um canalha.
FERNANDA   É um canalha.
THIAGO   Sou.
FERNANDA   É.

LUCIANA   Vou separar a caixinha, com as fotos. Pra ele... Sabe onde tem cola?
MARIA AMÉLIA   Naquela caixa.
LUCIANA   Que caixa?
MARIA AMÉLIA   Embaixo da caixa com as taças de festa.

THIAGO   E vou ter muitos outros filhos.

LUCIANA   Nossa! Tudo mofado aqui! Precisa ver isso, Maria Amélia.

FERNANDA   Sem mim.
THIAGO   Sem você.
FERNANDA   Sem mim.
THIAGO   Sem você!
FERNANDA   Vai me bater de novo?

LUCIANA.   Que horas são?
MARIA AMÉLIA (OLHANDO NO PULSO DO PAI)   Quatro e quarenta e quatro. Olha, sempre essa hora. Parece que o tempo não passa. Ou que tinha passado rápido demais, desde que a outra tinha ido embora.
LUCIANA   Achei!
MARIA AMÉLIA   Ela nem tinha percebido que já eram outras.
LUCIANA   Os balões. E o gravador.
MARIA AMÉLIA   Com as fitas?
LUCIANA   Ahan.

MARIA AMÉLIA   Ai que bom, aí tem Bee Gees, tem Gainsbourg, tem Styx, tem Elis, tem a trilha internacional de *Marrôn Glacê*, da Cabocla, o do Gil com aquela música nova de purpurina que você adora. Gravei tudo o que você gosta.

DURANTE A DISCUSSÃO, FERNANDA QUEBROU O VIDRO
DO PORTA-RETRATOS SEM FOTOGRAFIA. AGORA, DEPOIS
DE UM TEMPO, SE RECUPERANDO, THIAGO COMEÇA A RECOLHER
OS CACOS. FERNANDA O AJUDA. OS DOIS, NO CHÃO,
RECOLHENDO OS CACOS, EM SILÊNCIO.

4. A MEMÓRIA DAS COISAS

LUCIANA (MOSTRANDO AS COISAS PARA O PAI)   Agora sua festa vai ser linda, pai! Você vai enchendo pra mim, pai!? Pra ajudar na sua festinha!

PAULA (COÇANDO O GESSO. ALINE CONCORDA COM A CABEÇA)   Antes tinha festa aqui, tinha chão limpo, tinha mangueira que dava manga, tinha móvel na casa inteira, tinha armário cheio de taça, tinha móvel sem caruncho, de mogno, tinha pia com água. Não tinha goteira, não tinha mofo, não tinha barata, não tinha rato, não tinha pulgão no jardim...

THIAGO   Tivemos festas, tivemos beijos, tivemos fotografias, tivemos viagens, tivemos planos, tivemos apelidos.

FERNANDA   Não tivemos um jardim.

THIAGO   Agora tínhamos aquela vontade de esquecer um do outro. Mas o corpo é obstinado.

ALINE   Se te perguntassem qual o dia mais feliz da sua vida, você não conseguiria se lembrar. Mas tem certeza de que foi aqui, na sua casa. Se é insalubre, nos ajudem, mas não tirem o que é nosso. Se a casa está em ruínas, nos ajudem a recuperar. Mas não tirem o que é de minha família. Eu estou com uma ferida no estômago por causa dessa história.

PAULA   Tem exames constando.

ALINE   A Paula vem acompanhando. Não me venham falar em usucapião ordinária...

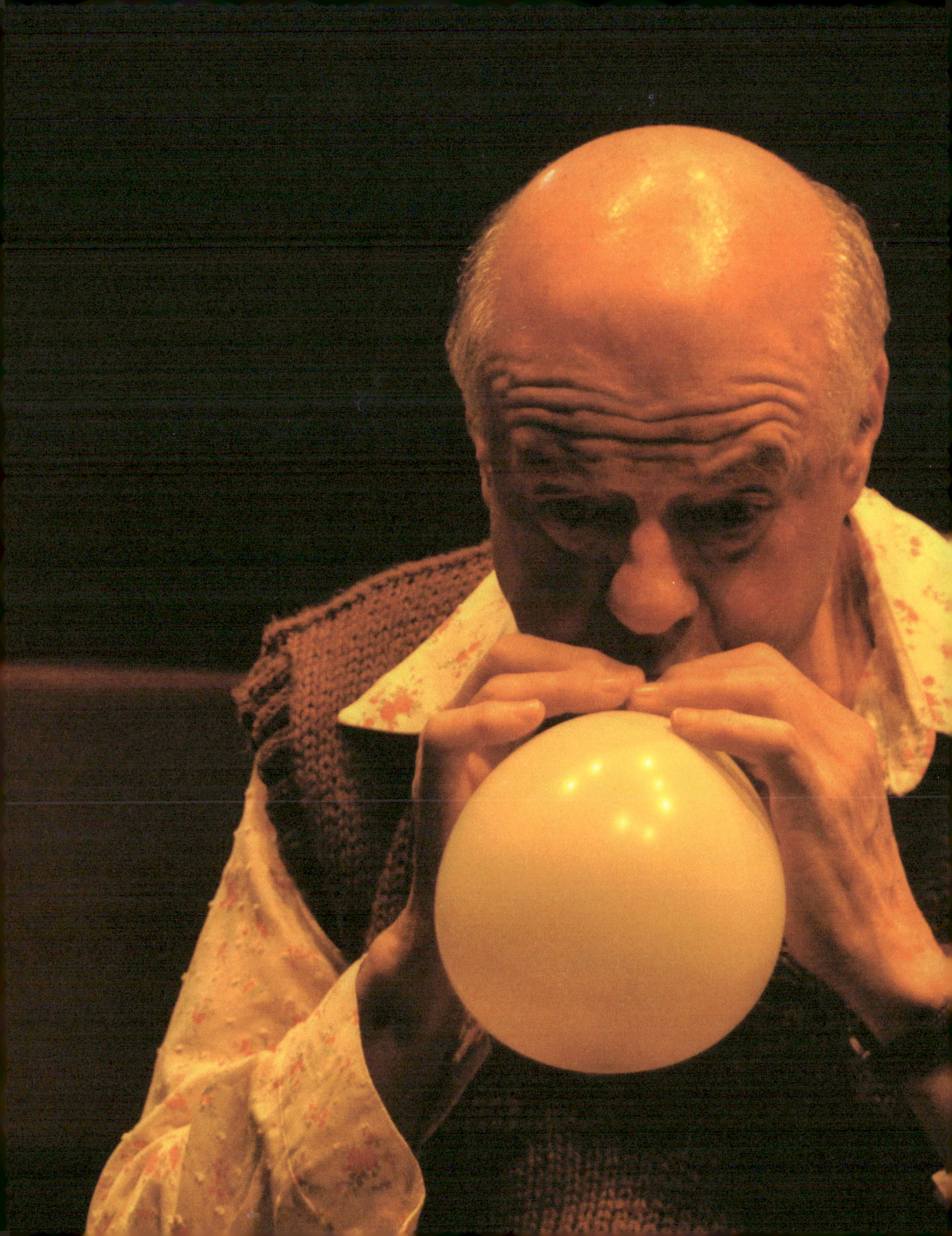

PAULA (INTERROMPENDO, COM O GESSO) Nossa, tá coçando muito.

ALINE INTERROMPE, IRRITADA, COCHICHA COM PAULA, BRAVA.

PAULA (PARA A CÂMERA) Você pede desculpas.

FERNANDA Desculpa.

LUCIANA SENTA-SE NO CHÃO, COM AS FOTOGRAFIAS QUE DEIXOU ESPALHADAS. E COMEÇA A DECORAR UMA CAIXA COM ALGUMAS FOTOS. EM SILÊNCIO, MUITO CONCENTRADA. MARIA AMÉLIA AJUDA O PAI COM AS BEXIGAS.

MARIA AMÉLIA Sopra fundo, assim, pai. (PAI FAZ GESTO DE QUE ESTÁ COM SEDE) Não, pai, não. Olha, assopra assim!

THIAGO VELHO ENCHE BALÕES, DEVAGAR, MARIA AMÉLIA AO SEU LADO...

MARIA AMÉLIA Tinha um armário aqui, lembra? Mas já estava todo cheio de cupim, caruncho. Tem me acontecido uma coisa estranha. (PAUSA) Meus sentidos, não sei, vai parecer bobagem, mas eles estão começando a falhar. Eu percebi isso no dia em que levei o armário lá pro jardim e não senti nada. Quer dizer, eu sinto o tato, o cheiro, ou ouço as músicas que gravei pra você todo dia. Tudo normal, mas a sensação é morta. Tudo de repente ficou insignificante. Não, pai, senta. Olha outro balão pra você, sopra, sopra!

ALINE Você recomeça. Você achou o... qual o nome?
PAULA O liquidificador.
ALINE Não... o... que horas são? Ai, Paula, me ajuda... o... esqueci o nome... ponteirinho.
PAULA Relógio?
ALINE Isso, relógio.
PAULA Achei, achei. Está ali.

FERNANDA Lembrei!

MARIA AMÉLIA Se me perguntassem, há um tempo atrás, qual a época mais feliz da minha vida, eu ia dizer, sem pensar, que foi a época em que éramos eu, você, a mãe e até o pai. Aqui, como eu me lembrava, das fotos.

THIAGO   Do quê?
FERNANDA   O que eu tinha que te falar, por que eu vim.
                    ALINE (REARRUMANDO PAULA, ESCONDENDO O GESSO DELA)
                    Isso. Fica assim, agora. Esconde essa mão, aí quando a gente vir o vídeo a gente nem lembra que estava assim. Olha pra frente.

FERNANDA VAI ATÉ A CAIXA QUE TROUXE. MOSTRA UMA CAIXA
DE FOTOS A THIAGO.

            LUCIANA (MOSTRANDO UMA FOTO PARA
            MARIA AMÉLIA)   Para a outra o passado não deixava
            de passar. Olha que gracinha você no bondinho.
FERNANDA   Eu trouxe as fotos que você deixou lá.
THIAGO   Você achou?
FERNANDA   Eu não vou ficar com isso sozinha. (PAUSA)
Tínhamos um museu pra compartilhar.
            MARIA AMÉLIA   Agora ela olhava uma foto de quando tinha
            dez anos e via uma coisa que nunca tinha percebido: nunca
            soube quem era. Nunca teve ideia. Sempre fez o que a mandaram
            fazer, sempre foi a mais humilde, a mais obediente. Antes, ela
            achava que era assim: bem pouco egoísta, mas hoje ela sabe
            que sempre foi covardia.

THIAGO OLHA A CAIXA DE FOTOS, EMOCIONADO.

            THIAGO VELHO (TENTANDO SE LEVANTAR OUTRA VEZ)
            Fe-fe-fernanda.
THIAGO   Tínhamos a caixa de fotos, onde muitos parentes,
lugares, épocas, animais domésticos e cortes de cabelo
suplicavam para que não fossem esquecidos.
            MARIA AMÉLIA (JÁ MUITO IRRITADA)   Senta, pai! Meu Deus
            do céu! Que flagelo! Não tenho sossego pra nada.
            LUCIANA   Nossa, Mamé. Precisa tratar o pai assim?
            MARIA AMÉLIA   Assim como?
            LUCIANA   Assim.
            THIAGO VELHO (TENTANDO SE LEVANTAR)   Fe-fe-fernanda.
            MARIA AMÉLIA   A outra estava ali, na sua frente,
            acusando-a sem palavras.
            LUCIANA   Nossa, me deixa continuar pra você.

MARIA AMÉLIA   Então continua, Luciana. Continua a preparar a sua festinha, continua.
LUCIANA   A outra estava ali, na sua frente, acusando-a com palavras.
FERNANDA   Aqui ficaria bom se você colocasse um armário.
MARIA AMÉLIA (AJEITANDO O PAI COM VIOLÊNCIA)   Continua, mas não faz só uma colagem pra ele, não, troca também a fralda dele. E sente a vergonha de ver seu pai andando sem roupa pelo jardim, e limpa a boca, e aguenta ouvir ele chamando… Pai, fica quietinho.
LUCIANA   Você ficou porque quis, Maria Amélia. A gente podia ter deixado ele em uma instituição há muito tempo, mas não, a outra é a Madre Teresa. É, é bem fácil mesmo. Ele não lembra mais mesmo, manda pra um asilo, se livra dele e vem fazer uma festinha no aniversário.
ALINE (VOLTANDO A GRAVAR O VÍDEO, INTERROMPIDA PELA BRIGA SIMULTÂNEA)   Você continua. Olá, eu sou a Aline. Aline Paes de Barros. Essa é Paula, minha funcionária. Hoje, 22 de agosto de 2011, nós estamos aqui para prestar uma homenagem à mamãe, que nos deixou há uma semana. Essa homenagem é também uma despedida dessa casa em que eu passei a minha infância, junto com a Paula, que foi criada como uma filha pela mamãe e é como uma irmã para mim. Vamos dar início a um inventário do que resta de nossa família, um memorial que, além de uma homenagem, é uma garantia de que essas coisas vão permanecer, de que elas não serão furtadas por essas pessoas que ocupam a casa.
TIAGO   Depois eu separo isso. O quê?
FERNANDA   Hã?
LUCIANA   Você acha que é fácil pra mim? É isso? Eu quero fazer esse momento especial pra ele, mas você não entende dessas coisas, nunca entendeu. Por isso que o Érico te deixou.
(MARIA AMÉLIA SE CALA)
FERNANDA   Eu, se fosse morar aqui, colocaria um armário. Bem aqui.
TIAGO   Eu não tenho nenhum móvel. Eu me vi assim, de repente, no meio de dezenas de caixas de taças de vinho, pratos, talheres, aquelas pilhas de roupa – que você escolheu pra mim, porque conhece o meu gosto mais do que eu – e nenhum móvel.

ALINE (SE RECUPERANDO) Você não desiste. Eu queria começar falando do relógio. Pega o relógio, Paula. Um relógio St. Morritz, não funciona mais, infelizmente. Ele pertenceu ao meu avô, de quem eu pouco me lembro. Mamãe me entregou esse relógio assim que vovô faleceu, eu tinha 6 anos. Ela contava que nos últimos dias de vida, numa casa de repouso, vovô ficou cismado com as 6 horas da tarde. E foi esse o horário em que ele morreu. Mistério.

FERNANDA PARA. OS DOIS ESTÃO DISTANTES. MARIA AMÉLIA E LUCIANA ESTÃO PARADAS, DO LADO DE THIAGO VELHO, QUE CONTINUA A ENCHER OS BALÕES.

THIAGO Esses presentes de casamento ali, que nunca usamos.
FERNANDA Nossos 538 convidados naquela caixa.
THIAGO Se me perguntassem, há um tempo atrás, qual o dia mais feliz da minha vida, eu ia dizer, sem pensar, que foi a "nossa festa". Só de me perguntarem daquele dia, eu era capaz de ficar flutuando no ar, sem resposta. Mas agora eu guardei tudo nessas caixas.
PAULA Você sabe que a maior parte da memória está fora de você, numa viração de chuva, numa caixa de papelão, num cheiro de quarto fechado, em toda parte em que você encontra o que a cabeça desdenhou por não achar mais útil, a última reserva do passado, a melhor, aquela coisa que, quando você nem sabe mais porquê, ainda sabe fazer você chorar.
FERNANDA Quando foi que tínhamos começado a nos tornar só uma cópia do que a gente lembrava ser?
LUCIANA Desculpa.
MARIA AMÉLIA Tudo bem, Luciana. Você está certa, você está certa. A outra nem tinha ido embora e ela já estava se censurando.
THIAGO Semana passada eu comprei um valete. Sabe? Um cabideiro pra quarto, de madeira assim, com uma parte assim e umas gavetinhas pra miudezas. Um valete duplo. Percebi que as roupas não vão pro lugar delas sem você. Há 5 anos... (PAUSA)
FERNANDA (OVER) ...e 8 meses... isso acontecia. Mas agora, não me faz mais falta. Sem você, eu tenho um valete.

LUCIANA   A outra tinha escrito muitas páginas sozinha. Mas ainda faltava um longo capítulo, capítulo que ainda faz parte daquela história, da família: o esquecimento. E elas o fariam juntas.

ALINE   Você tinha colecionado muitas caixas com ontens. Mas ainda faltava encher uma última caixa, caixa que ainda faz parte dessa história, da casa do jardim: a despedida. Vocês se despedem, juntas.

MARIA AMÉLIA   Me ajuda que vai mais rápido.

ALINE   Me ajuda que vai mais rápido.

5. O PASSADO

THIAGO, EMOCIONADO, COMEÇA A CANTAROLAR BAIXO A MÚSICA DO CASAL ("JE LA MEMOIRE QUI FLANCHE", NA VERSÃO CANTADA POR JEANNE MORREAU). FERNANDA, A PRINCÍPIO, RECUSA REVIVER ESSE MOMENTO, MAS LOGO COMEÇA A SE DIVERTIR TAMBÉM. THIAGO CANTA PARA QUE FERNANDA DANCE. ELA DANÇA. OS DOIS SE DIVERTEM, COMO SE PUDÉSSEMOS VER UM FRAME DO INÍCIO DE SEU RELACIONAMENTO.

THIAGO   *Padadoudi doudadoudé doudoudi doudidou*
FERNANDA   *Pára, Thiago*
THIAGO   *Lembra?* (CANTA)
"J'ai la mémoire qui flanche
Je me souviens plus très bien
Voilà qu'après toutes ces nuits blanches
Il ne reste plus rien
Rien qu'un petit air .
Qu'il sifflotait
Chaque jour en se rasant:
Padadoudidoudadoudé doudoudidoudidou"

THIAGO VELHO (CANTAROLA, TOMADO POR UMA LEMBRANÇA)   *Padadoudidoudadoudé...*

LUCIANA   Animou, pai?

THIAGO E FERNANDA SE BEIJAM POR UM LONGO TEMPO.

ALINE   Aqui estão algumas coisas de mamãe e de tia Luciana, coisas que esses ocupantes jogaram de qualquer junto e que nós duas, juntas, não é, Paula?
PAULA   É.
ALINE   Juntas, nós recolhemos embaixo de chuva, com nossas próprias mãos, do jardim. Um jardim tão lindo, com cerejeiras, azaleias, uma mangueira enorme, mas que hoje está abandonado, tem plantinha que nem nasce mais.

LUCIANA   Pai, o senhor vai pra um lugar lindo. Como é o nome do hotel, Mamé?
MARIA AMÉLIA   Não é um hotel, é um asilo. Azaleia.
PAULA   Dá tristeza. Tudo seco. Agora eles querem cortar a cerejeira porque a raiz está entrando no terreno do vizinho.
ALINE   Uma árvore que estava ali durante toda a minha infância, não é, Paula?
PAULA   É.
ALINE   Uma tristeza. O jardim cheio de passarinhos.
PAULA (EMOCIONADA)   Tinha sabiá que entrava pela janela.
ALINE   Não, isso não interessa, Paula. Fala das caixas, Paula. As de cima.

LUCIANA   Azaleia, pai. Vai ter gente pra cuidar de você o tempo inteiro. Tudo cheirosinho, *un régal*. Quem sabe o senhor não arranja uma namorada? E você vai ter uma caixinha com as nossas fotos, pra sempre que der saudade. Tem um monte de gente lá pra se ocupar de você. Eu tenho certeza de que você vai arranjar uma namoradinha. Lá tem um jardim lindo, não é, Mamé?
MARIA AMÉLIA   É.
LUCIANA   E passarinho. Lembra que meu apelido era piu?
FERNANDA (AINDA BEIJANDO THIAGO)   Tucho! Tucho! Você lembra a primeira vez que você foi dizer meu nome, nesse dia, e saiu assim, gaguejado? (PAUSA) Repete pra mim, Fão. Eu ainda sou sua polaca.
THIAGO (EMOCIONADO)   Para, Fernanda, para.
LUCIANA   A memória de um passarinho morto pra sempre em seu bolso. Você gosta de passarinho, não gosta?
MARIA AMÉLIA   A mãe é que gostava.
LUCIANA   O pai também gostava.
MARIA AMÉLIA   Mas a mãe gostava mais.

LUCIANA   Maria Amélia, é passarinho. Não tem quem não goste de passarinho.
MARIA AMÉLIA   Ah, tá.
PAULA   Ah, tá. Esta aqui está cheia de potes de cereja vazios, vários de vidro e tem uns dois de ferro. Esta aqui tem um monte de *lingeries*, da Dona Maria Amélia e da Dona Luciana, que são a mãe e a...
ALINE   ...tia...
PAULA   ...tia da Dona Lili... Aline. Então, as lingeries muito coloridas, umas mais assim. Essa tem as roupas de cama e o enxoval do seu Thiago, que faleceu há muito tempo. Aqui tem umas quatro caixas só com fotografias, muitas fotografias, de tudo quanto é coisa, de festa, de casamento, de batizado... Tem a roupinha de batizado da Dona Aline, amarelinha.
ALINE   Pra frente, Paula.
FERNANDA   Você não se esqueceu de mim. Diz olhando pra mim que você vai me esquecer. Diz, Fão. Eu não vou te esquecer. Diz se você tem coragem. (CONTINUA)
THIAGO   Me deixa continuar. E não me chama mais assim.
PAULA   Nessa estão os copos em que eu preparava as cubas da Dona Maria Amélia. As xícaras, já tem um monte trincada. Mas nessa daqui, tem umas taças. (DESLUMBRADA) Umas taças assim bem, sabe aquelas fininhas, de festa. Chiquérrimas. Muito chiques mesmo.
LUCIANA   Pai, lembrei! Uma vez eu fiz uma peça que...
MARIA AMÉLIA   Ele não entende, Luciana. Você já contou, do jardim de cerejeiras, não é?

ENQUANTO ISSO, ALINE E PAULA COMEÇAM A EXIBIR SUA COLEÇÃO DE OBJETOS.

ALINE (MOSTRANDO PARA A CÂMERA)   Um pano de pratos com motivos de cereja que mamãe adorava.
PAULA   Um quadro do Seu Thiago.
ALINE   Meu avô.
PAULA   Do lado do Plínio Salgado.
THIAGO   Tínhamos escrito muitas páginas juntos. Mas ainda faltava um longo capítulo, capítulo que ainda faz parte daquela história, do amor: o esquecimento.

LUCIANA   Não, não, é outra. Uma peça francesa: *Les Oiseaux*, um infantil que eu fiz bem no comecinho da carreira.
ALINE   Um porta-retratos com uma foto da mamãe, criança, no bondinho.
PAULA   Uma foto do jardim.
FERNANDA   Seu jardim sem mim.
PAULA   Um uniforme da escolinha cisne da Dona Aline.

6. AS FOTOS

FERNANDA PEGA A CAIXA DE FOTOGRAFIAS

FERNANDA   Nós vamos dividir juntos. As fotografias.
ALINE   Um álbum com toda a família.
LUCIANA   Contava a história de uma época em que não tinha terra, só céu e pássaros por toda parte. Como não tinha terra, os rouxinóis e os pintassilgos e as andorinhas tinham que ficar voando sem parar, em círculos… porque não tinha chão. Um céu cheio de passarinhos. E tinha uma pardal – eu fazia a pardal –, e o pai dela, da pardal, morreu. E era um problema, porque o que é que ela ia fazer com o corpo? Não tinha lugar pra enterrar. Mas a passarinha então decidiu enterrar o pai aqui, na parte de trás da cabeça. Antes disso, os passarinhos não podiam se lembrar de nada, eles só podiam voar em círculos. (PAUSA) No teatro, essa história funcionou.
FERNANDA (REPETE, ENTREGANDO AS FOTOS PRA THIAGO)   O seu jardim sem mim.
MARIA AMÉLIA   A mãe ia gostar tanto dessa história. Ela gostava tanto de pássaros, passava o dia observando no jardim ou nas janelas de onde estivesse. Meses depois de ela ter morrido, minha mão ainda ia, assim por vontade própria, até o telefone sempre que eu via um beija-flor ou um sabiá invadir a casa. Gostava tanto da mãe, mas foi ele quem sobrou.
FERNANDA   Os móveis não são um problema em separações. Um tapete é sempre um tapete. Sempre serve. Isso faz com que ele possa continuar vivendo, em outra vida, em um novo contexto. Mas as fotografias, quando o contexto desaparece, não servem para nada. Só passado.

ALINE (MOSTRANDO O ÁLBUM) O vovô, ora com barba, ora sem barba. Festinhas de aniversário. A tia Luciana, antes de pintar o... qual o nome? Cabelo. Aqui, meu baile de debutante, meus 15 anos... Aqui a Lilian gorda, uma amiga. Olha a mamãe novinha. Mostra, Paula, mostra.

OS DOIS PASSAM UM TEMPO SEPARANDO AS FOTOGRAFIAS.
CONTINUAM COM FRAGMENTOS DE MOMENTOS VIVIDOS JUNTOS
POR ELES. RIEM MUITO.

ALINE E PAULA CONTINUAM A MOSTRAR SUA COLEÇÃO.

MARIA AMÉLIA E LUCIANA ENCHEM BALÕES PARA
A FESTA DO PAI.

ALINE (MOSTRANDO UM VESTIDO IDÊNTICO AO QUE MARIA AMÉLIA USA) Uma camisola que foi da minha avó, mas que mamãe também usou durante a gravidez.
PAULA Uma coleção de VHS sobre as guerras mundiais.
THIAGO Você lembra quando caiu macarrão no tapete... (RINDO)
FERNANDA No dia do casamento, que você tirou... (RINDO)
ALINE Um diário em que mamãe escrevia receitinhas em francês, as receitas de madeleine. Na capa está escrito "bruma". As bexigas da mamãe.
PAULA Um VHS em que está gravado o capítulo de *Renascer* quando o Leonardo Vieira descobre que a Maria Santa morreu.
ALINE Uma coleção de... qual o nome, Paula?
PAULA Disco.
ALINE LPs. Tem Bee Gees, tem Christophe. Uma carta psicografada pelo Vinicius de Moraes.
PAULA (PEGA UM VESTIDO DE FESTA) Esse era qual mesmo?
ALINE O vestido de *réveillon* que a tia Luciana estava usando no dia em que ela morreu. Fotografa, Paula, fotografa. Tia Luciana morreu num acidente de barco muito famoso, no *réveillon* de 88 para 89, o Bateau Mouche, todos vocês já devem ter ouvido falar. Ela estava com uma amiga, atriz da Rede Globo na época, Yara Amaral. Uma tragédia.
PAULA A senhora lembra disso?

FERNANDA   Lembra disso, Tucho?
ALINE   De ouvir. É como se lembrasse. Continua, Paula, continua.
PAULA   Um rouxinol empalhado que dizem que Dona Assi, avó da Dona Aline, que eu não conheci, gostava muito.
PAULA   Umas medalhas de competição canina, do primeiro Cazuza.
ALINE   Cadê o Cazuza II, Paula?
PAULA   No jardim.
ALINE   Cazuza é um cachorro campeão.
PAULA   Cazuza é um irmão para mim.
ALINE   Um gravador com fita cassete que mamãe (SE EMOCIONA)... um monte de fitas... (LIGA O GRAVADOR E OUVE-SE UM TRECHO DA VOZ DE MARIA AMÉLIA E FERNANDA, EM 1979. ALINE SE EMOCIONA MUITO. DESLIGA O GRAVADOR.)

LOGO, FERNANDA E THIAGO TAMBÉM SE EMOCIONAM.

FERNANDA   Lembra quando descobrimos a Aline...
THIAGO (INTERROMPENDO)   Juninho.
FERNANDA   Até isso você vai roubar de mim?
PAULA (TENTANDO CONSOLAR ALINE)   Ai, Dona Lili.
ALINE (INTERROMPENDO)   Aline, Paula. Está gravando.

TODOS FICAM UM TEMPO PARADOS, EM SINCRONIA.

LUCIANA   As duas estão paradas, sorrindo, como que para uma fotografia futura.
PAULA   Vocês estão paradas num quarto em ruínas. Nenhum futuro, só o que vocês têm é o passado.
THIAGO   Pode ficar com o resto. Eu só quero essas duas.
FERNANDA   Tínhamos separado as fotografias. Afinal, havia alguma ordem, as coisas nos seus lugares, cada um de nós no início de uma estrada que o outro não pode acompanhar.
ALINE   Quase me esqueci. Aqui está o que sobrou do meu avô. Um... qual o nome?
PAULA   Navalha.
ALINE   Uma navalha e um par de chinelos. Tão triste as coisas durarem mais que as pessoas.

FERNANDA   Não gesticulamos. Estamos parados, sorrindo, como que para uma fotografia futura.
PAULA   Porque é nas coisas que está a memória da gente.
(PAUSA) Ontem, Dona Lili, eu abri o armário da cozinha para guardar louça e os docinhos de cidra e abóbora que só a Dona Maria Amélia gostava ainda estavam lá.

7. ANIVERSÁRIOS

FERNANDA RECOLHE AS OUTRAS FOTOGRAFIAS. VAI ATÉ SUAS COISAS. CALÇA O SAPATO.

FERNANDA   Quase me esqueci. (COMEÇA A RETOCAR A MAQUIAGEM, COM UM PRESENTE NAS MÃOS)
MARIA AMÉLIA   Quase me esqueci. O glacê do bolo já deve ter derretido de novo. Eu já retoquei três vezes. (VAI RETOCAR O BOLO, INVADINDO O ESPAÇO DE 2011)
ALINE (VENDO QUE MARIA AMÉLIA INVADE A CENA E PEGA O BOLO)   O bolo, Paula, o bolo!
LUCIANA   É melhor já dar o presente, não é? Eles já devem estar chegando, aí a gente tem tempo de se despedir direito, pra gravar o recadinho.
PAULA   Isso não está certo. Era pra festinha de despedida. Nem Deus dá conta.
LUCIANA (SE ARRUMANDO E PEGANDO UM EMBRULHO PARA O PAI)   Você vai usar esse vestido? Não dá azar comemorar antes, não!
ALINE (EMOCIONADA)   É complicado. Eu queria abrir um parênteses nessa homenagem pra explicar o que é esta baderna.
MARIA AMÉLIA (MOSTRANDO O BOLO)   Olha, pai! Eu fiz tudo o que ele gosta, igualzinho à mãe fazia. As *petit madeleine*, as minicharlotes, as ganaches, os *financiers*... Só ficou faltando a *fruit brûlée*, que não deu tempo.
ALINE   A casa está sendo tomada. O que acontece é que veio um pessoal aqui, dizendo que era da parte de uma família polonesa e que essa casa era deles. E eu não tenho condições de fazer o inventário, a escritura se perdeu, e nós estamos sendo

expulsas. Eu e a Paula reviramos cada caixa atrás da escritura. (GRITANDO) Cadê a escritura?

THIAGO   O que devíamos fazer era gritar, um grito longo e feliz que soaria pelo jardim inteiro.

ALINE   E eles vão ficando enquanto a justiça não decide. Mas nós vamos resistir, nós não vamos abandonar a casa do jardim. Porque eu posso não ter a escritura, (MOSTRA UMA PASTA COM ASSINATURAS DIVERSAS) mas eu tenho testemunhas.

THIAGO   Era essa felicidade que deveríamos nos oferecer. Mas não fazemos, não faço.

PAULA   Não dá pra deixar nem sabonete no banheiro, não dá pra fazer um bolo que eles comem. E deixam tudo sujo. E a casa era tão bonita. Dona Luciana gostava de dar muitas festas aqui, trazia presente pra todo mundo.

LUCIANA COMEÇA A CANTAROLAR UMA MÚSICA DE ANIVERSÁRIO NO PRESENTE QUE SEGURA, PARA O PAI.

FERNANDA TAMBÉM CANTAROLA A MESMA MÚSICA.

PAULA   Teve uma festa que ela fez aqui que foi muito chique. É a coisa mais linda que eu consigo lembrar. Tinha muita gente, eu falei que ficava até o final, pra ajudar a limpar depois. Eles usaram as taças chiquérrimas. E mandaram alugar mais. Veio uma amiga da Dona Luciana, que fazia novela...

ALINE   Yara Amaral.

PAULA   Tocou aquela música, do seu nome, Dona Aline.

FERNANDA (DANDO UM PRESENTE A THIAGO)   Feliz aniversário!

LUCIANA (DANDO UM PRESENTE A THIAGO VELHO)
Feliz aniversário!

THIAGO   Eu ia devolver o relógio, porque não se dá...

FERNANDA   Abre. Sei que é só na quarta, mas como eu não sei se vou te ver...

LUCIANA   Abre. Sei que é só depois de amanhã, mas eu não vou poder ficar...

ALINE   Bem lembrado, Paula. Mamãe me deu esse nome por causa de uma canção francesa que fez muito sucesso. Canta, Paula.

PAULA CANTA UM TRECHO DA MÚSICA FRANCESA "ALINE"

ALINE   A Paula é tão engraçada. Fala um pouquinho de você, Paula.
PAULA   Você não tem o que contar, todas as suas memórias são da outra. Eu não sei falar assim, não.

THIAGO ABRE O PRESENTE. É UM CASACO.
O MESMO CASACO QUE THIAGO VELHO ESTÁ USANDO.

THIAGO   Obrigado.
FERNANDA   Não dá azar comemorar antes, não. Você vai poder usar no seu jardim, olhando os pássaros e se esquecendo de tirar as ervas-daninhas. Nos dias frios. (PAUSA) Me promete que vai usar? Eu devia ter escrito meu nome na gola. Assim, meio gaguejado. Fe-fe-fernanda. Lembra porque você me chamava assim?
THIAGO   Não.
FERNANDA   Experimenta, Tucho.
THIAGO   Não.
LUCIANA (MOSTRA O PRESENTE)   Olha, pai. É uma surpresa, sei que o senhor adora. Abre, pai? Eu sei que o senhor está chateado comigo, porque eu não pude vir... está fazendo birra. Mas quando você abrir, você vai ver o trabalho que deu pra achar. (PAUSA) Abre, pai! Por favor! Abre e diz que gostou.
FERNANDA   Só do que precisávamos era de um sim. (PAUSA) Por favor, Fão. Eu te ajudo!
LUCIANA   Só o que ela precisava era de um sim. (PAUSA) Hein, pai! Eu te ajudo!

THIAGO VESTE O CASACO POR CIMA DA CAMISA.
SEU CURATIVO ESTÁ SANGRANDO.

LUCIANA ABRE O PRESENTE. É UMA COLEÇÃO DE VHS DAS BATALHAS DA SEGUNDA GUERRA MUNDIAL. A MESMA JÁ MOSTRADA POR ALINE.

8. CICATRIZES

LUCIANA   Olha, pai! VHS, chique né? São as batalhas da Segunda Guerra! Aqui tem a Invasão da Sicília. Aqui, a história dos franceses… o… Gostou? (BEM PERTO DO PAI, PERCEBENDO QUE O PAI NÃO RESPONDE) A gente vê isso depois. Antes dava pra saber que era ele, mas agora. Você vai vendo a pessoa sumir, sumir… até desparecer.

PAULA   Sempre que eu penso em mim, parece que eu ainda sou pequena. Eu comecei a trabalhar aqui quando eu tinha 7 anos e fiquei a vida inteira. A vida inteira. Você pode passar uma vida inteira sem ter as coisas e ainda assim se lembrar delas. Eu sou a pessoa mais feliz da face da Terra, nunca me acontece nada, e agora que me acontece uma coisa eu não posso me queixar, já que é costume não me acontecer nada. E as pequenas vezes, e foram tantas, que eu gostaria de deitar no chão e nunca mais me mexer, de ficar no escuro e nunca mais responder… estas pequenas vezes, eu guardei aqui, na minha cabeça. Eu não tive mãe, eu não tive cachorro, eu não tive irmã, nem primo, nem jardim.

LUCIANA   Você deixou ele cair?

FERNANDA   Thiago, olha isso! Vou trocar esse curativo pra você, ou vai manchar o casaco novo. Onde tem mercúrio aqui?

MARIA AMÉLIA   Não!

LUCIANA   Essa cicatriz sempre esteve aqui?

MARIA AMÉLIA   A vida inteira.

THIAGO   Deve estar nessa caixa aí, perto das taças da nossa festa.

ALINE   A Paula sabe fazer mágica.

PAULA   Não tive foto de aniversário, não tive presente, não tive docinho, não tive…

FERNANDA (ATRAVESSA A CENA, ENTRA ONDE ESTÃO PAULA E ALINE PARA PEGAR OS CURATIVOS E DIZ EM POLONÊS)   Você sem mim, hein?

ALINE (ASSUSTADA COM A PRESENÇA DA "POLONESA")   Não, não! (FERNANDA SAI. ALINE E PAULA ESTÃO NO CANTO, COM MEDO)

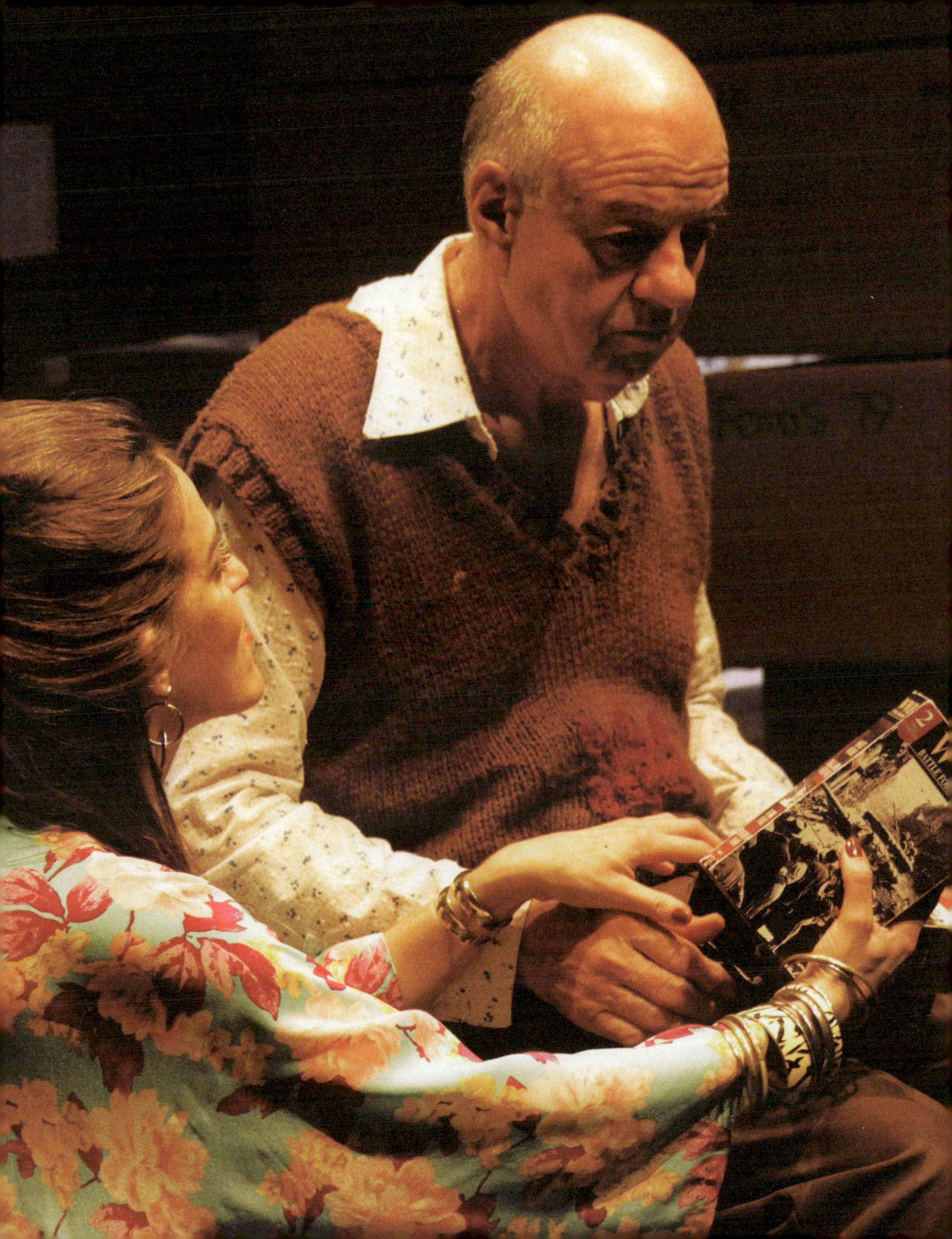
2

FERNANDA VOLTA PRA PERTO DE THIAGO COMEÇA
A TROCAR SEU CURATIVO.

FERNANDA   Vai arder um pouquinho.
PAULA (DENUNCIANDO)   Eu tive um acidente. O meu braço, o que aconteceu é que esses poloneses...
LUCIANA   A gente pode passar uma vida inteira vendo uma coisa e ainda assim não se lembrar dela. (BEIJA A CICATRIZ DO PAI)
ALINE (VOLTANDO)   Não fala disso não, Paula. Só do que a gente quer lembrar.
THIAGO   Ainda não cicatrizou.
FERNANDA   Essas coisas demoram mesmo. (PAUSA) E se nós já tivéssemos nos esquecido há muito tempo, só não tínhamos nos dado conta?
LUCIANA (VAI BEIJAR O PAI E SENTE O CHEIRO DO CASACO)   Nossa, essa blusa está com um cheiro muito forte.
THIAGO   Ai, ai, polaca... assopra, assopra.
MARIA AMÉLIA   Nem Deus tira essa blusa dele. Já tentei.

FERNANDA ASSOPRA. ENQUANTO TROCA O CURATIVO,
SE APROXIMA BASTANTE DE THIAGO. OS DOIS SE BEIJAM.
THIAGO A AFASTA. ELA TENTA MAIS UMA VEZ, SOBRE
O SEU COLO. THIAGO VIRA O ROSTO.

PAULA   Mas é que eu queria pedir um favorzinho pra senhora? Assinar aqui no meu gesso, pra mim. Só um recadinho.
ALINE (RI)   Que bobagem, Paula. Depois você vai tirar o gesso e vai esquecer o recadinho. Eu assino um papel.
PAULA   Se eu olhar todo dia até o dia de tirar o gesso, eu acho que vou lembrar, mesmo depois que for sumindo, sumindo, sumindo e aí desaparecer.

ALINE ASSINA O GESSO.

9. O CASACO

PAULA Eu gosto muito de trabalhar aqui, Dona Lili. E eu não queria que a senhora fosse embora. Eu vou pra onde?
ALINE Pra onde a Paula vai?

ALINE INTERROMPE A GRAVAÇÃO DO VÍDEO, INDICA QUE JÁ ACABOU.

ALINE (PARA PAULA, OUTRO TOM) Recolhe tudo, Paula.
LUCIANA (TENTANDO TIRAR A BLUSA DO PAI) Eu te ajudo. Vem.

LUCIANA FAZ BARULHO COM AS PULSEIRAS PARA O PAI. ELE SE INTERESSA. ELA COMEÇA A CANTAR A MÚSICA "TURBILLON DE LA VIE". ENQUANTO ISSO, MARIA AMÉLIA VAI TIRANDO A BLUSA DO PAI, COM MUITA DIFICULDADE. MARIA AMÉLIA CONSEGUE TIRAR A BLUSA. THIAGO VELHO ESTÁ SEM CAMISA. LUCIANA PASSA A MÃO PELA PELE DO BRAÇO DELE, BEIJA SEU ROSTO. MARIA AMÉLIA VAI ATÉ ALGUMAS CAIXAS, ABRE E PROCURA UMA NOVA CAMISA. THIAGO VELHO, OUVINDO A MÚSICA, AGARRA OS SEIOS DA FILHA LUCIANA. PARA QUE MARIA AMÉLIA NÃO PERCEBA, LUCIANA CONTINUA A CANTAR A MÚSICA, EMBORA MUITO EMOCIONADA.

THIAGO COM O CASACO, AFASTA FERNANDA. ELA COMEÇA A DANÇAR PARA ELE. ELE APENAS A OBSERVA. A DANÇA DE FERNANDA VAI FICANDO CONSTRANGEDORA. ELA RETIRA A BLUSA, APROXIMA OS SEIOS DE THIAGO, COLOCA AS MÃOS DELE SOBRE ELA, TENTA BEIJÁ-LO. NÃO É UM ATITUDE SENSUAL, MAS DESESPERADA.

THIAGO SAI, DEIXANDO FERNANDA NUA, NO CHÃO. FERNANDA CHORA.

PAULA FICA SOZINHA, OLHANDO PARA O GESSO. ORGANIZA ALGUMAS CAIXAS. GUARDA TODOS OS OBJETOS DE VOLTA NAS CAIXAS. MEXE EM ALGUMAS, ABRE, RETIRA UM CASACO

(O MESMO CASACO QUE THIAGO USA E QUE FOI RETIRADO DE THIAGO VELHO) DE UMA CAIXA. ACHA LINDO. HESITA. OLHA PARA ALINE. MAS LOGO O VESTE. FICA VESTIDA COM O CASACO, OLHANDO PARA A CÂMERA. SORRI. MUITO.

PAULA (IMITANDO ALINE) 22 de agosto de 2011. São muitas lembranças, a Paula está tirando fotos. Esse é o nosso último dia aqui. E também é um dia muito triste porque eu e Paula não vamos mais estar juntas. E pra onde a Paula vai? Eu não sei o que ela vai fazer, coitada! (PAUSA. RI MUITO. UM ATAQUE DE RISO)

LUCIANA ACABA DE CANTAR A MÚSICA PARA O PAI. ELA ESTÁ NO CHÃO, TRANSTORNADA.

FERNANDA (NO CHÃO, TRANSTORNADA, BEM BAIXO) Tucho!
MARIA AMÉLIA Eu deixei o enxoval dele dobradinho. Eu já tinha guardado tudo, mas essa daqui eu deixei separada, pra lembrar dele. Dei de presente pra ele no Natal e ele nunca usou.
ALINE (VENDO PAULA COM O CASACO) O que é isso, Paula?
PAULA Nada, Dona Aline. Eu achei o casaco e achei bonito. De quem é?
THIAGO (IRRITADO) Thiago. Thiago.
FERNANDA Tucho!
THIAGO Fernanda, não me chama mais assim. Eu não sou mais o Tucho, você não é mais a polaca.
FERNANDA Até isso você vai roubar de mim?
THIAGO Me deixa continuar. Por favor.
ALINE (PENSATIVA) Não sei. (PAUSA) Quer pra você?
MARIA AMÉLIA Aos poucos, ela ia se livrando de tudo o que era ela mesma, na forma de coisas dos outros.
FERNANDA (CALMA) Éramos outros? Quando eu deixei de ser o que você imaginava que eu era?
ALINE Pra você. Veste. Eu te ajudo.

LUCIANA SE LEVANTA, TENTANDO SE RECUPERAR.

LUCIANA Parece que sobrou só o pior dele.

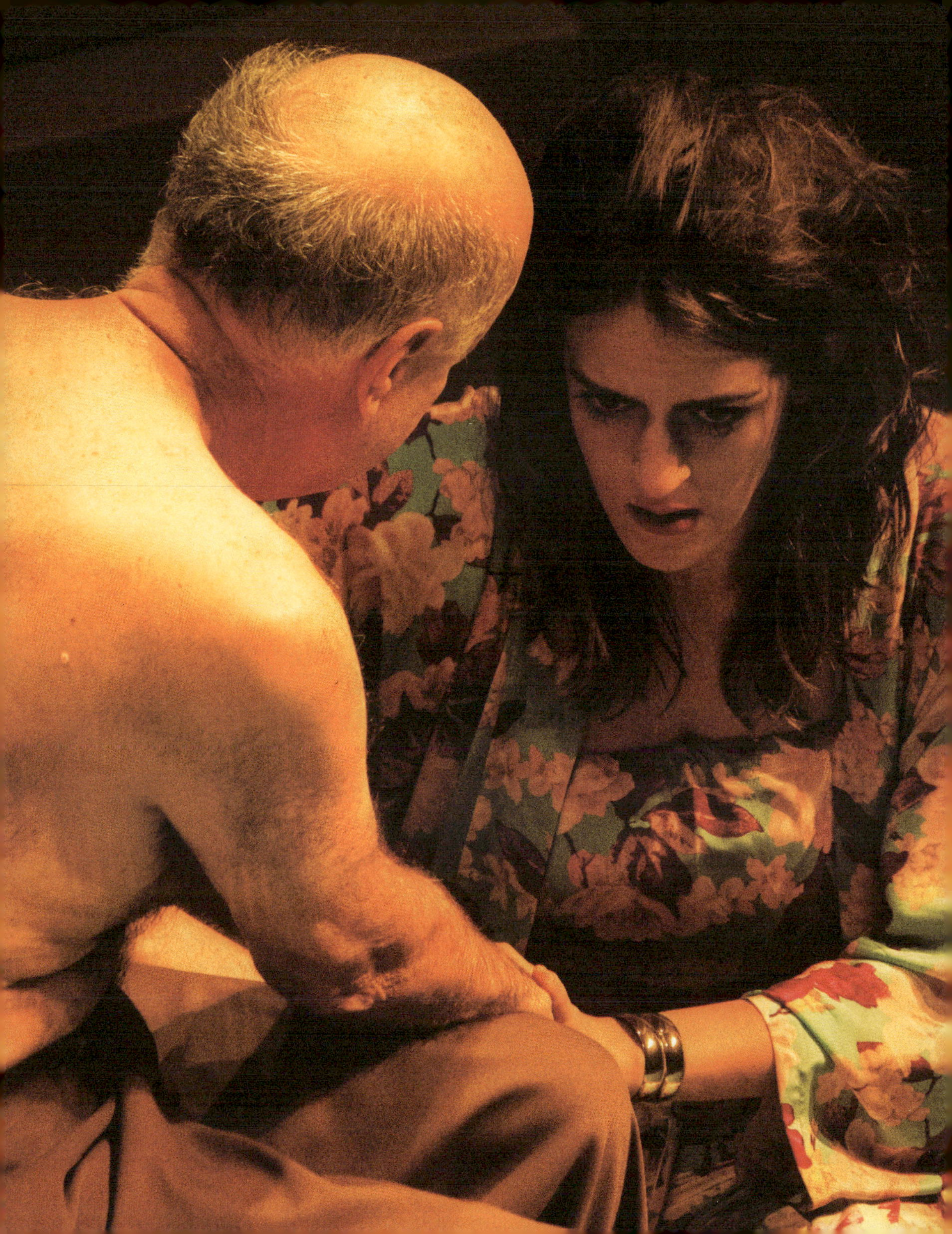

MARIA AMÉLIA, SOZINHA, VESTE O PAI COM UMA
NOVA CAMISA. NA GOLA DA CAMISA, BEM GRANDE,
ESTÁ BORDADO: TIAGO. ALINE VESTE PAULA.

MARIA AMÉLIA Eu bordei tudo dele, pra não confundir com o de ninguém, os chinelos, os pijamas, tudo com o nome dele.
FERNANDA Me desculpa.
THIAGO Eu não acredito em você.
FERNANDA 22 de agosto de... (LEMBRA-SE)... 1938. O dia em que você começou a me esquecer.
PAULA Eu vou sentir saudades da senhora.
THIAGO Isso foi antes.
LUCIANA Está lindo. Só o Thiago, que você esqueceu de pôr o H.
MARIA AMÉLIA Oi?
LUCIANA O H. Thiago, com H.
MARIA AMÉLIA Você devia ter bordado.
LUCIANA Ele nem vai perceber, *chérie*.
MARIA AMÉLIA Até isso a outra ia roubar dela?
LUCIANA 22 de agosto de (LEMBRA-SE) 1979. O dia em que ela ia começar a esquecer.

ALINE E PAULA TIRAM FOTOS.

LUCIANA Que horas são?
FERNANDA Que horas são?
THIAGO Quase 6. (PAUSA) Se pudéssemos nos lembrar, diríamos que se passaram séculos.
FERNANDA Apesar de tudo, o jardim ainda não tinha murchado.
MARIA AMÉLIA Quase 6 (PAUSA) Se a outra soubesse não tinha se passado nem um minuto desde que ela foi embora.
LUCIANA Apesar de tudo, eu gosto do jardim assim. Acho bonito. Cheio de erva daninha, de pulgão, a grama está alta. Mas eu gosto.
ALINE Quase 6 já! Tá na hora.
PAULA Você sabe que tinham se passado anos.
ALINE Vamos fazer um brinde? Pega a garrafa, Paula, pega.

THIAGO Fernanda, vamos começar de novo. Você entra de novo, a gente faz tudo do jeito certo, do jeito que a gente quer se lembrar. Vamos inventar uma boa memória do último dia que a gente se viu. Vai pro jardim! Levanta, Fernanda!

    MARIA AMÉLIA Eu acho que já está na hora. Vamos gravar já, daqui a pouco eles chegam pra pegar o pai. Eu não te falei antes, mas eu gostei que você veio. Sozinha ia ser mais difícil. Vou gravar por cima da fita do Gil, tudo bem? Volta? Levanta, Pai! Pro jardim!

        ALINE Mamãe sempre dizia que a gente tem que brindar pra não esquecer o momento.

        PAULA Pode ser nas taças chiquérrimas?

        ALINE Vai pegar, então. E na volta a gente começa de novo, combinado? Vai, Paula!

A PEÇA RECOMEÇA.

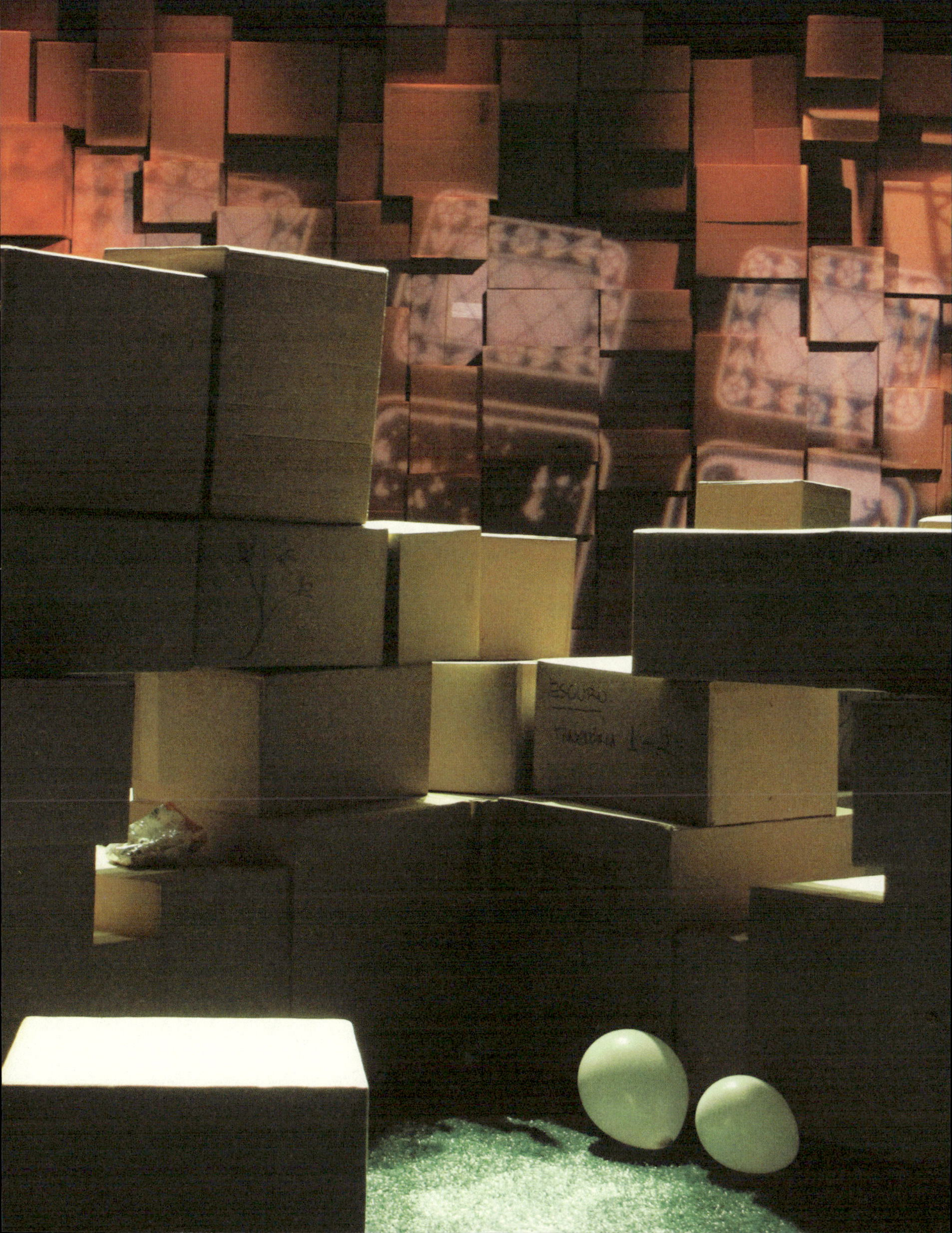

PASSA—DOS COLECI—ONADOS

ALINE FILÓCOMO E PAULA PICARELLI

1. CAIXAS

2011. UM CASARÃO ABANDONADO COM UM JARDIM SECO.

ALINE, COM UM BOLO DE ANIVERSÁRIO, SE PREPARA PARA
A GRAVAÇÃO DE UM VÍDEO, AJEITA ALGUMAS COISAS. MEDE
O ESPAÇO. POSICIONA ALGUMAS CAIXAS NO ESPAÇO. EM
UMA DELAS, COLOCA O BOLO. PROCURA ALGUMA COISA QUE
NÃO ACHA. PAULA, SUA EMPREGADA, TEM O BRAÇO ENGESSADO.
ELA ENTRA CARREGANDO UMA CAIXA PESADA. SAI E VOLTA
COM OUTRA. E DEPOIS OUTRA. E OUTRA. E OUTRA. ALINE
QUASE NÃO A OLHA. PAULA DEPOSITA UMA CAIXA NO CHÃO
E ABRE-A, PROCURANDO ALGO. ALINE FICA DE COSTAS,
OLHANDO A PAREDE DE CAIXAS ATRÁS DELA.

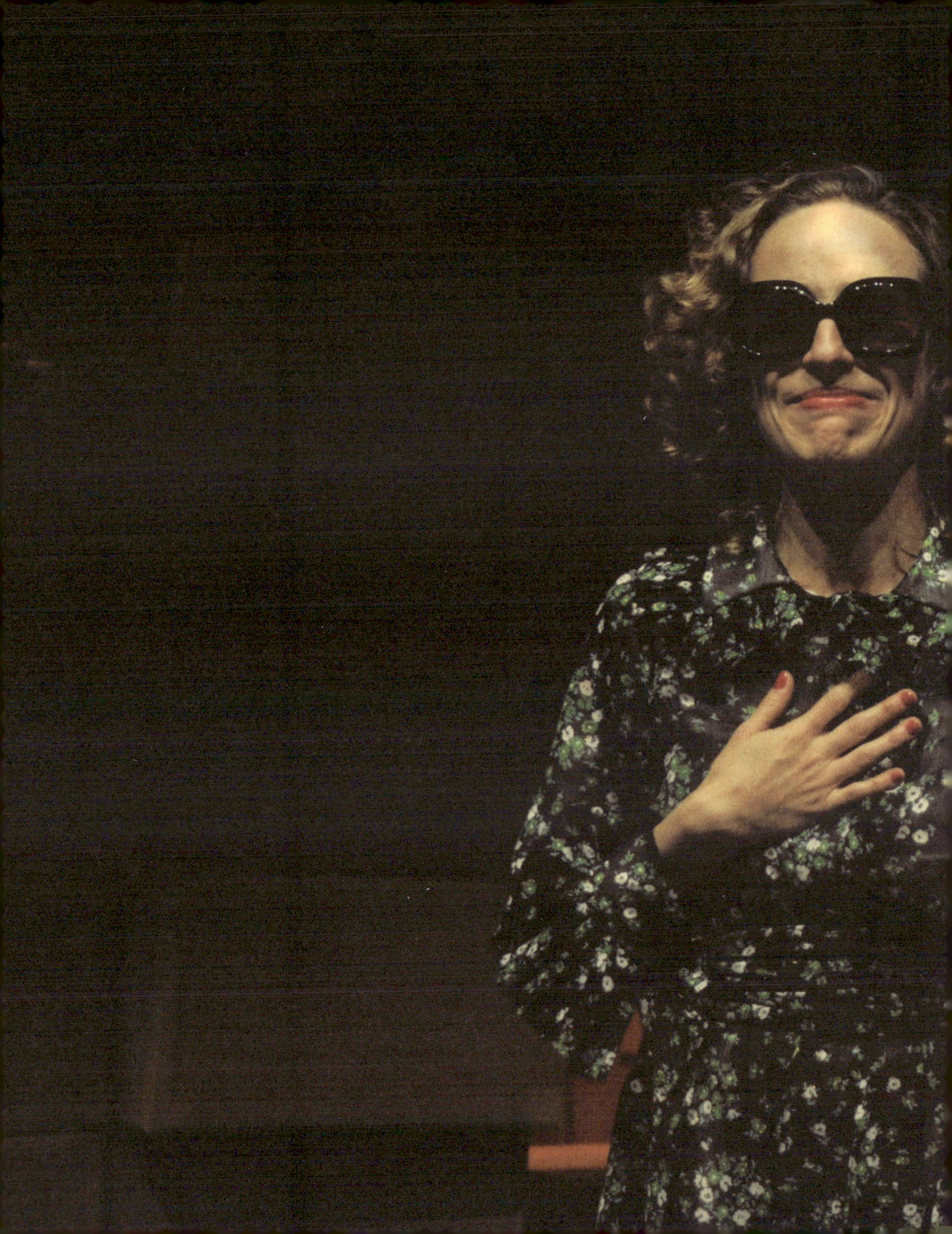

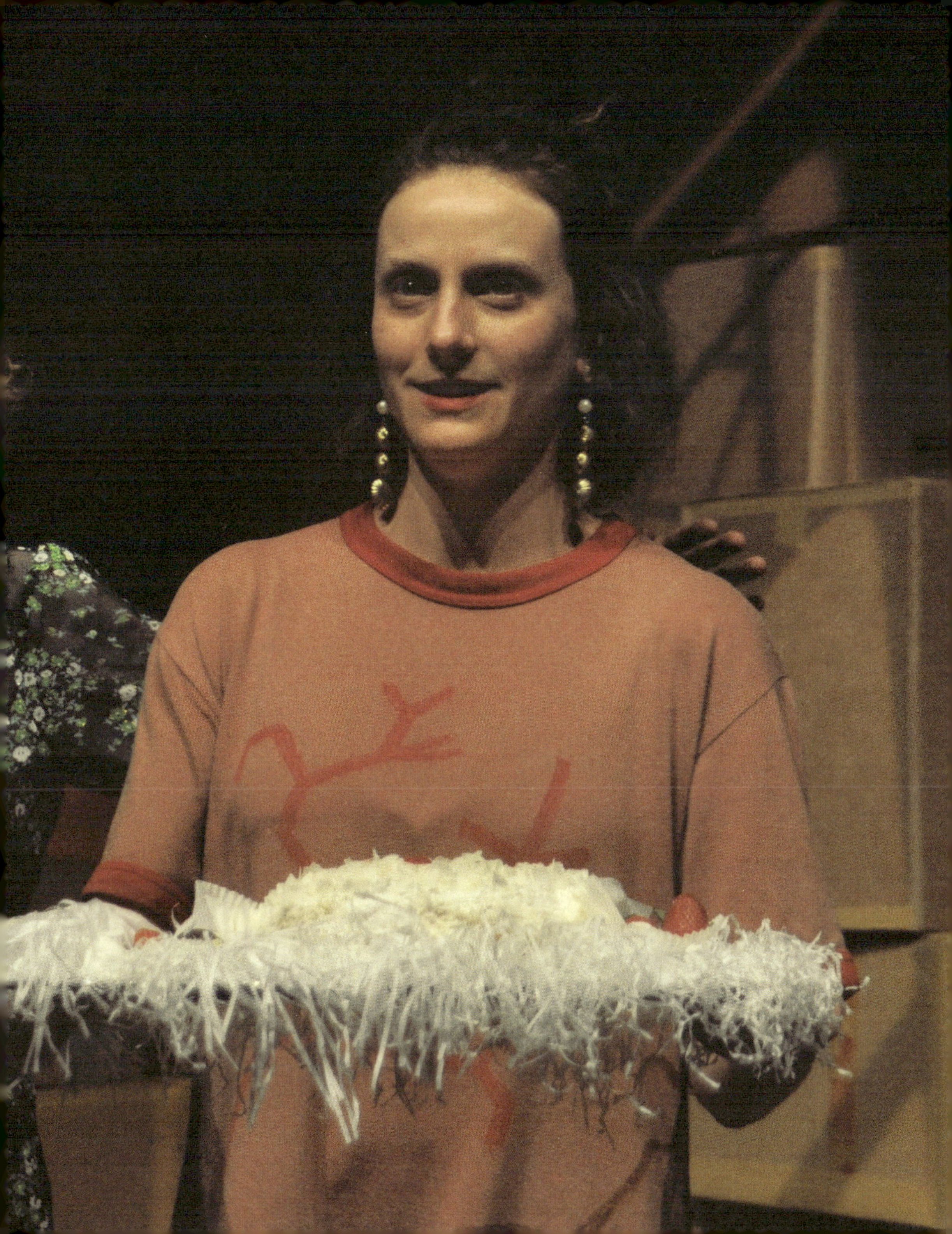

LUCIANA (PROCURANDO)　*Tout se passe au meme moment.* Odeio não lembrar onde eu coloquei as coisas. Tenho certeza de que os balões estavam aqui. (CONTINUA A PROCURAR. ALINE RECOLHE UM PACOTE DE BALÕES DO CHÃO.)

THIAGO (BAIXO, PARA SI MESMO)　Nós continuaríamos colecionando passados na forma de quinquilharias. Um sem o outro.

ALINE　Tudo mofado aqui, hein, Paula? Esse buraco na parede não pode aparecer. Você limpou bem, Paula?

FERNANDA　Vai ser seu primeiro aniversário sem mim. Cinco anos, oito meses e doze dias guardados em caixas de papelão.

MARIA AMÉLIA　Vai ser o primeiro aniversário dele sem mim, desde que a mãe morreu.

PAULA　Vai ser a primeira festinha aqui na casa desde que a Dona Maria Amélia morreu.

LUCIANA　O que a outra queria fazer era gritar, um grito longo e feliz que soaria pelo jardim inteiro. Era essa felicidade que ela deveria oferecer a ela e ao pai. Mas ela não o faz.

ALINE (VIRA-SE PARA ELA E FALA BAIXO)　Já está gravando, Paula. Você lembra de tudo o que eu te expliquei: olhar pra frente…

PAULA　O que era mesmo? Ai, Dona Lili, eu não sei se vou conseguir, porque… (É INTERROMPIDA PELO BARULHO QUE VEM DE 1938)

FERNANDA AVANÇA SOBRE THIAGO, MUITO AGRESSIVA E DESESPERADA.

THIAGO　Fernanda, para! Para, Fernanda, acabou. (PAUSA. MARIA AMÉLIA E LUCIANA ESCUTAM ATRÁS DAS CAIXAS. ALINE E PAULA, COM MEDO, TAMBÉM OBSERVAM O QUE ACONTECE FORA DO SEU AMBIENTE.) de novo não! Para Fernanda! Por favor! Por favor!

MARIA AMÉLIA (CONTINUA A BARBEAR THIAGO VELHO)　Hoje começaram cedo. Ela queria agradecer aos vizinhos pela gentileza de a terem libertado do silêncio daquele jardim, quase seco desde que a outra tinha ido.

ALINE　Hoje começaram cedo.

LUCIANA (PROCURA, DEIXA CAIR UMA CAIXA)　Droga!

PAULA   Achei! (RETIRA DE UMA CAIXA UMA GARRAFA DE CHAMPANHE) Não falei que estava na caixa embaixo daquela com as taças de festa?
ALINE   Não quebrou nada não, né? Deixa aí, com o bolo.

FERNANDA PARA. OS DOIS FICAM UM DO LADO DO OUTRO, ENCOSTADAS NAS CAIXAS COM SEU PASSADO. THIAGO ACENDE UM CIGARRO.

LUCIANA DESISTE DE PROCURAR E SENTA-SE NO CHÃO, FICA OLHANDO DE LONGE O PAI E A IRMÃ. ACENDE UM CIGARRO.

PAULA (SENTANDO-SE, CANSADA)   Não. Você sobrevive nas coisas que sobram. É um jeito de pra sempre.
THIAGO   O que tinha sobrevivido não éramos nós.
LUCIANA   O que tinha sobrevivido não era ele.
ALINE   Onde eles estão?
PAULA   Lá na sala dos quinze. Falaram que iam limpar, mas não limpam. Quebraram a vidraça lá. Estão fumando lá, Dona Lili. Aqui fica aquele fedor. (PAUSA, RETIRA UMA FOTO DE THIAGO CRIANÇA DA CAIXA) Mas o resto está organizadinho, limpinho, as coleções da Dona Maria Amélia, pra festinha de despedida...
ALINE (INTERROMPENDO)   E o Cazuza?
PAULA   No jardim.

ALINE FAZ UM GESTO PARA PAULA SE LEVANTAR, CHAMA POR ELA. ALINE SENTA-A EM UMA CAIXA.

PAULA   Ah, desculpa, esqueci, Dona Lili.
ALINE (BAIXO, PARA ELA, AJEITANDO O CABELO DELA) Do-na A-li-ne! Lembra, Paula? Já está gravando. Arruma o cabelo, assim. Pra frente. Você sem mim.
FERNANDA (TENTANDO FAZER UM CARINHO EM THIAGO) Mudou perfume. Você sabe que eu gosto de você com a barba feita. Não cortou o cabelo desde a última vez. Você sem mim.
MARIA AMÉLIA   Luciana, fuma pra lá, por favor!
FERNANDA   Você não vai na barbearia? Pro seu aniversário, pra mim.
LUCIANA   Ai, desculpa, esqueci.

73

PAULA Desculpa. Esqueci, Dona Li... Aline.

FERNANDA TENTA FAZER OUTRO GESTO DE CARINHO EM
THIAGO, QUE SE LEVANTA E VAI ATÉ SEU COPO. THIAGO
BEBE E CONTINUA A RETIRAR AS COISAS DAS CAIXAS.

LUCIANA SE LEVANTA E VOLTA A MEXER NAS CAIXAS.

PAULA SENTADA, ENQUANTO ALINE PASSA BATOM NELA.

PAULA Esse é daquele que não sai? A gente esfrega, mas ainda tem uma lembrança de que a gente já foi bonita.
MARIA AMÉLIA (TERMINANDO DE BARBEAR) Outro dia a tia Lourdes veio visitar o pai.
ALINE E a... aquilo de escrever? Do vovô. O... como é mesmo o nome?
PAULA Máquina de escrever.

THIAGO PEGA SUA MÁQUINA DE ESCREVER.

ALINE Isso. Lembrou onde colocou?
MARIA AMÉLIA Falou que precisava chamar um jardineiro, acredita? Nunca veio, desde que a mãe morreu.
PAULA Não, acho que eles estão usando. (TENTA SE LEVANTAR, ALINE A SEGURA)
MARIA AMÉLIA Aposto que foram contar pra ela que o pai está indo... (THIAGO VELHO TENTA SE LEVANTAR)

ENQUANTO ISSO, LUCIANA ENCONTRA UMA CAIXA EM QUE ESTÁ
ESCRITO "RETRATOS". VAI TIRANDO MUITOS ÁLBUNS FLORIDOS,
COM FOTOGRAFIAS DA FAMÍLIA. LUCIANA E THIAGO RETIRAM
ÁLBUNS DE CAIXAS, EM SINCRONIA.

ALINE Não, senta, senta! Arruma o cabelo.
MARIA AMÉLIA Não, pai! Senta! Se você não ficar queitinho a gilete vai te machucar.

PAULA E ALINE SE AJEITAM. COCHICHAM ENTRE SI, COMBINAM
ALGUMAS COISAS. ALINE, BEM BAIXO, ORDENA QUE PAULA

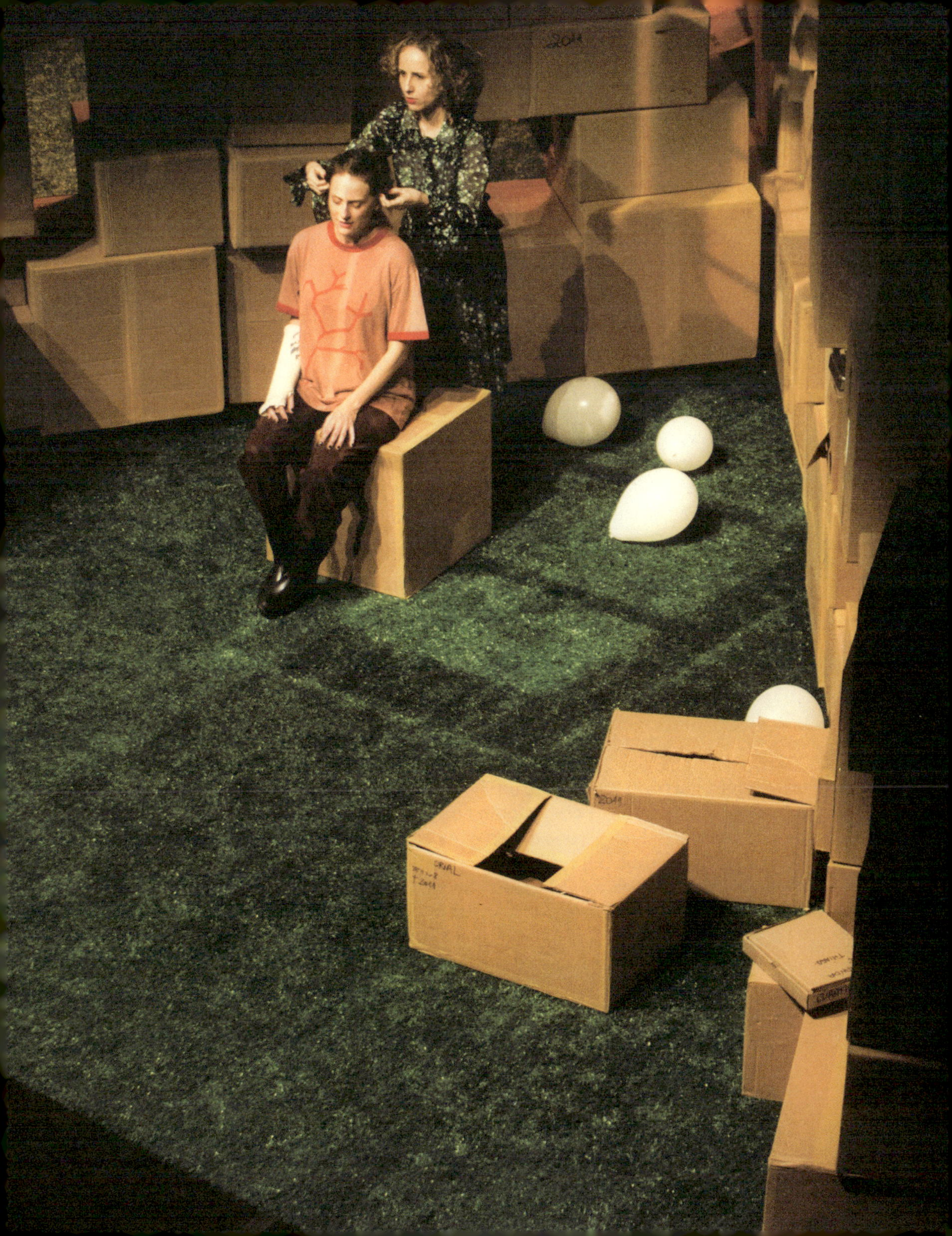

PEGUE AS CAIXAS. AS DUAS COMEÇAM A ESPALHAR OBJETOS NA FRENTE DA CENA. SÃO OBJETOS QUE PARECEM TER UM VALOR SENTIMENTAL, FOTOGRAFIAS. ALGUNS SÃO OBJETOS QUE JÁ VIMOS NAS OUTRAS DUAS CENAS. UM TEMPO NESSA AÇÃO.

FERNANDA   Que horas são?
LUCIANA   Que horas eles marcaram de vir buscar o pai?
THIAGO   Umas 6.
MARIA AMÉLIA   Umas 6.
FERNANDA   O tempo implacável por sua falta de consideração conosco.
THIAGO (COM UM PORTA-RETRATOS VAZIO NAS MÃOS) Quer o relógio de volta?
FERNANDA   Era o retrato do dia do noivado, o que estava aí.
MARIA AMÉLIA (OLHANDO AS HORAS NO RELÓGIO DO PAI) Ela cedia, tinha que ceder. Sempre teve que ceder. Era assim que a outra se lembraria dela.
THIAGO (OLHANDO O PORTA-RETRATOS)   As "nossas coisas" continuariam com passado. Como se retira o passado de uma "coisa nossa"?
ALINE (TERMINANDO DE ARRUMAR SUA COLEÇÃO DE OBJETOS DE FAMÍLIA)   Você não joga fora uma coisa de família.

2. O JARDIM

FERNANDA   Agora você vai ter um jardim. Como imaginamos. Com os nossos piqueniques, e comeríamos na grama, salada de maionese e ovos cozidos – você adora ovos cozinhos – e depois, nós dormiríamos um pouco em cima de uma toalha de mesa florida e a Aline ia...
MARIA AMÉLIA (OLHANDO O PAI, PARA LUCIANA)   Hoje ele não está aqui. Nem de gostar de barba feita ele lembra mais. Depois que a mãe morreu, ele mal enxergava, mas fazia a barba todo dia. O que é pai? O que foi? (THIAGO VELHO FAZ UM GESTO, APROXIMANDO OS DEDOS, COMO SE PEDISSE ÁGUA)
THIAGO (INTERROMPE FERNANDA)   Juninho.

> **MARIA AMÉLIA** Parece que sabe e está fazendo de pirraça. Nossa, essa blusa está com cheiro!
>
> **FERNANDA** Nós tínhamos imaginado tantos futuros para serem soterrados.
>
> **LUCIANA (SEPARANDO AS FOTOGRAFIAS)** É tão difícil separar o ontem do hoje.
>
>> **ALINE (POSICIONA-SE COM ALINE DE FRENTE PARA UMA CÂMERA IMAGINÁRIA)** Você fica parada, sem gestos, imóvel. Como que para uma fotografia futura.
>>
>> **PAULA (AINDA BAIXO, OLHANDO PARA ALINE)** Você acha difícil separar o ontem do hoje. É muito triste ser mandada embora assim, nunca mais ver o jardim. Antigamente era a coisa mais linda do mundo...
>>
>> **ALINE (INTERROMPENDO)** Pra frente, Paula. O tempo que te resta, feliz, no jardim.

FERNANDA Eu sonhei tanto com o jardim que a gente ia plantar, juntos, que é como se eu pudesse me lembrar dele.

THIAGO Tínhamos feito de tudo. Tínhamos roubado um a vida do outro e tínhamos móveis, tínhamos viajado, tínhamos inventado datas importantes pra nos lembrar, tínhamos sobrevivido a um filho que nunca vimos. Só não tínhamos plantado...

> **LUCIANA** Olha esse...

THIAGO ...um jardim.

> **LUCIANA** ...jardim nas fotografias! Antigamente era a coisa mais linda do mundo, não é, Maria Amélia?
>
> **MARIA AMÉLIA (TENTANDO TIRAR A BLUSA DO PAI)** Tão diferente do que é hoje. O tempo implacável por sua falta de consideração com o jardim.

FERNANDA Posso te pedir uma coisa? Não esquece de plantar a minha flor preferida. Você lembra qual é? (PAUSA)

THIAGO Vou plantar o que eu quiser.

> **LUCIANA (COM AS FOTOS, ENQUANTO MARIA AMÉLIA TENTA TIRAR O CASACO DO PAI)** Eu vou separar umas fotos pro pai! O que você acha? Umas fotos pra ele levar com ele! Pra lembrar da gente.

FERNANDA O que nós tínhamos sido sendo coberto por uma grama verde e nova. (FALA UM TRECHO DE UMA CARTA RÔMANTICA EM POLONÊS)

LUCIANA (ENCONTRA UMA FOTO) Esse dia, foi nesse dia que puseram um passarinho morto no meu bolso. O alvoroço que eu senti quando peguei o corpinho frio, macio, as pernas parecendo… como é?… alfinetes. As pernas e o pescoço pareciam úmidas e tinha um pequeno tufo…

ALINE Olá, meu nome é Aline. Aline Paes de Barros. Essa é a Paula.

PAULA Isso. Meu nome é Paula. Eu tenho 32…

ALINE Mais alto.

PAULA (BEM ALTO) Meu nome é Paula. Eu tenho 32 anos, eu trabalho na casa da Dona Aline.

FERNANDA Fão, eu vou poder me lembrar de você? (PAUSA) Fão!

LUCIANA (SEM SABER, DESCREVENDO A LUTA DE MARIA AMÉLIA PARA TIRAR A BLUSA DE THIAGO VELHO) …bem em cima dos olhos. O bico estava fechado com força. Coloquei minha mão embaixo de uma asa, eu queria tocar naquele lugar secreto e macio…

FERNANDA SE LEVANTA E VAI ATÉ THIAGO.

MARIA AMÉLIA (IRRITADA POR NÃO CONSEGUIR TIRAR A BLUSA DO PAI) Pai, você tem que me ajudar!

FERNANDA (IRRITADA) Tucho!

THIAGO Não me chama mais assim, por favor.

FERNANDA Achei melhor vir na segunda, porque fim de semana…

MARIA AMÉLIA O que elas tinham sido murchando como as azaleias do jardim do pai.

ALINE Você começa agradecendo. Antes, eu queria agradecer a todos os que curtiram e comentaram os últimos vídeos. O apoio de todos vocês nessa hora difícil é muito importante. O enterro da mamãe foi lindo. Choveu. Não foi, Paula?

PAULA Chiquérrimo. Dona Maria Amélia estava muito bonita.

ALINE Eu preparei um bolo pra essa despedida. Nossa festinha de despedida, com uns docinhos que mamãe adorava. Mostra o bolo, Paula.

FERNANDA (PEGANDO UMA CAIXA) Trouxe umas coisas que ficaram.

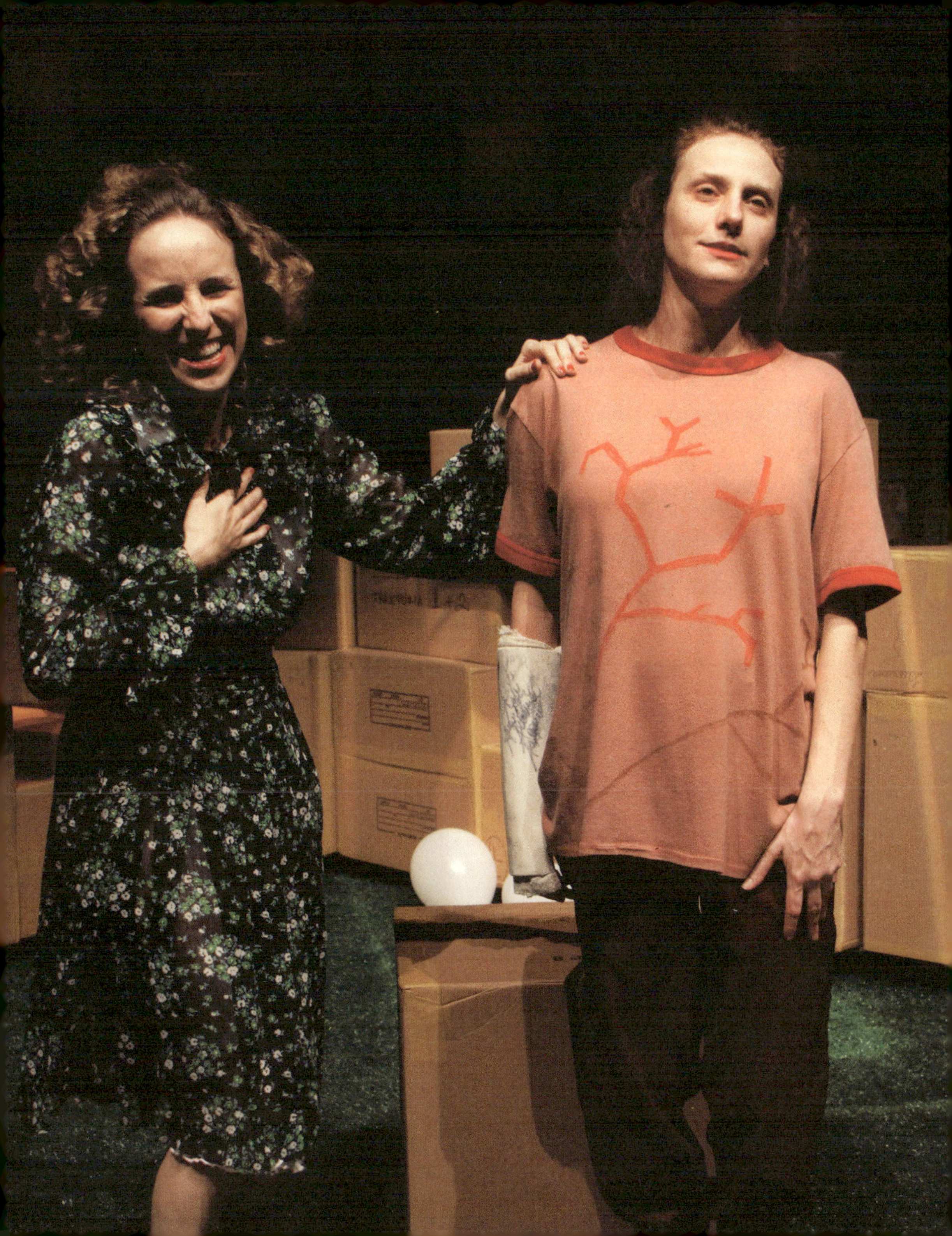

MARIA AMÉLIA (PEGANDO UMA CAIXA) Luciana, estou preocupada. Acho que não vai dar tempo...
THIAGO Joga fora. Nada dura para sempre.
LUCIANA Claro que vai Mamé! Sempre negativa! O bolo já não está pronto?

PAULA EXIBE O BOLO, SORRINDO.

ALINE Porque hoje é o último dia na casa do jardim. Você comemora pra não se esquecer.
MARIA AMÉLIA É que não sei pra que fazer festa hoje! O aniversário dele é só depois de amanhã. Podia fazer no asilo mesmo.
LUCIANA Ele ia adorar comemorar lá, com gente que ele nem sabe quem é.
MARIA AMÉLIA Luciana, ele não sabe mais nem quem a gente é.
FERNANDA Nada dura para sempre, mas as coisas sobram.
LUCIANA Mas eu sei quem ele é, Maria Amélia.
FERNANDA As "nossas coisas".
LUCIANA O bolo está pronto, as madeleines da mamãe também, só faltam os balões, cortar o... o... o negocinho das balinhas... e gravar o recadinho.

FERNANDA ABRE A CAIXA DE PASSADOS E COMEÇA A RETIRAR OBJETOS DA CAIXA, COISAS SEM IMPORTÂNCIA ALGUMA — AS QUINQUILHARIAS DO AMOR — E VAI ENUMERANDO, EMOCIONADA — MAS TENTANDO SER PRÁTICA.

FERNANDA As entradas do teatro, o lencinho do dia cinco, a rolha, os presentes, o anel de noivado (COMEÇA A CHORAR)
MARIA AMÉLIA Não esquece de separar o que você quer da caixa da mãe, pelo amor de Deus, desde o velório dela está aí.
PAULA Os outros vão, você fica aqui sozinha, com as coisas que sobram.
LUCIANA (BAIXO) Eu já te expliquei umas mil vezes: eu não pude vir, sou atriz.
FERNANDA Mechas de cabelo, bilhetes datilografados com a sua Remington, cartões-postais, roupas de momentos especiais, todas as nossas relíquias, nossa intimidade emaranha...

MARIA AMÉLIA (MOSTRANDO A CAIXA)   Já separei o que eu quero guardar, se não vou jogar o resto fora.
LUCIANA   Ça vá.
THIAGO   Para, Fernanda. De que adianta tudo isso agora?
ALINE   Hoje, 22 de agosto de 2011, eu e Paula estamos aqui para prestar uma homenagem à mamãe, que nos deixou, mas que vai sempre estar em nossos corações, junto de Deus. Porque com Deus existindo, tudo dá esperança: sempre um milagre é possível, mesmo nessas condições.
PAULA   Tendo Deus, é menos grave se descuidar um pouquinho, pois no fim dá certo.
ALINE   Fotografa, Paula, fotografa!
LUCIANA (IRÔNICA)   Muito obrigada, Maria Amélia. Ainda bem que você lembrou. Vou fazer isso agora.
MARIA AMÉLIA   Porque depois você vai, eu fico aqui sozinha, com as sobras. (OLHA O PAI)
FERNANDA (CONTINUANDO, COM SUAS SOBRAS)   Mais entradas do cinema, o anel de noivado, a medalha do clube, a certidão, as cartas do mês que...

FERNANDA ESTÁ MUITO EMOCIONADA, ENTRE OS OBJETOS
QUE SOBRARAM DE SEU AMOR. THIAGO A INTERROMPE.
GUARDA ALGUMAS COISAS DE VOLTA NA CAIXA E A LEVANTA.

THIAGO   Para! Eu não acredito mais em você, não confio mais em você, não te admiro mais. Não era assim que começaríamos a esquecer um do outro?
MARIA AMÉLIA   Nossa! Precisava ter cortado o cabelo dele. Enfermeira é quem mais repara nessas coisas, aí vai ficar falando que a família não cuidava.
THIAGO   É muito estúpido ser infeliz por causa de um ideal.

FERNANDA FAZ CARINHO NO CABELO DE THIAGO E LÊ UMA CARTA
EM POLONÊS, ENCONTRADA ENTRE O QUE TIROU DA CAIXA.

LUCIANA (ABRINDO A CAIXA COM COISAS DA MÃE)   Só de olhar para as coisas, é como se ela voltasse ao mesmo campo de batalhas de onde tinha fugido. O passado ali, cheirando a mofo. Ela podia fingir que a lembrança do passarinho morto e do vestido da mãe e da Remington do pai eram só passado. Mas isso não fazia as coisas menos dela do que já tinham sido.

FERNANDA (LÊ CARTA EM POLONÊS)
    ALINE (MOSTRANDO O RELICÁRIO DE OBJETOS) Só de olhar pra para as coisas, é como se você voltasse a uma época feliz, em que o gramado era verde, em que essas paredes não eram ruínas, em que você podia chamar esse jardim de "seu", sem esses poloneses.
    PAULA Você olha o passado, ali, cheirando a mofo.

THIAGO VELHO SE INCLINA, MARIA AMÉLIA O AJEITA. ELE ESTÁ AUSENTE.

LUCIANA (OLHANDO MARIA AMÉLIA) De todas as heranças da mãe, a outra tinha herdado a melhor, a mais secreta. Aquela calma silenciosa, sem de repentes. Aquela era sua religião.
    ALINE Faz uma semana que mamãe morreu. Nos últimos dias (SE EMOCIONA) foi muito difícil. Apesar das incontáveis ocasiões em que eu me lembro de como aconteceu, ainda é complicado entender, aceitar.

O PAI CANTAROLA UMA MÚSICA FRANCESA ("JE LA MÉMOIRE QUI FLANCHE") E CONSEGUE SE LEVANTAR.

THIAGO VELHO *Padadoudi doudadoudé doudoudi doudidou.*

MARIA AMÉLIA VAI ATÉ ELE E CONSEGUE FAZÊ-LO SENTAR-SE COM UMA DANÇA. O PAI SE INCLINA, MARIA AMÉLIA O AJEITA DE NOVO.

FERNANDA Éramos tão diferentes do que nos lembrávamos.
    MARIA AMÉLIA Agora, olhando para trás, ela era tão diferente do que ela achou que seria.
    ALINE As coisas são tão diferentes de como você achou que seriam.

THIAGO RECOLHE AS COISAS DE FERNANDA E ENTREGA PARA ELA.

THIAGO   Vai embora. Por favor. Acabou.
FERNANDA   O que eu queria te falar mesmo? Esqueci.
PAULA   Achei. (MOSTRA A MÁQUINA FOTOGRÁFICA)

3. A FAMÍLIA

ALINE   A Paula está fotogrando algumas coisas, depois eu vou publicar para vocês curtirem e comentarem. Não vou colocar nenhum tipo de privacidade. Mas eu queria deixar claro que esses objetos não estão à venda, por favor não insistam, porque eles têm um valor sentimental gigantesco, são coisas que pertenceram a gerações da família Paes de Barros. Objetos de meus bisavós Maria Alice e Bosco, meus avós Thiago e Dona Assi, uma história de amor linda; minha tia Luciana, minha mãe... (EMOCIONADA)
PAULA (PARA A CÂMERA)   Dona Maria Amélia era uma pessoa muito boa. Sempre hospedou.
ALINE   Hospedou.
PAULA   Ela e a Dona Luciana, irmã dela que já faleceu também, as duas hospedavam. Muito boas.
ALINE (FAZENDO CARINHO NAS CAIXAS)   Hoje estamos aqui nos despedindo. Nos despedindo da Casa do Jardim.
FERNANDA   Eu já vou. Só vim mesmo pra te dar um beijo de despedida, já que não vou te ver no seu aniversário.
ALINE   Esse quarto, cheio de memórias hoje, já foi o quarto das crianças. Eu dormia aqui, na mesma cama de tia Luciana – aqui tinha uma cama, não é, Paula?
PAULA   É. Você queria é que o tempo não passasse mais. Se as coisas parassem de estragar, vocês nem iam perceber que já eram outras.
MARIA AMÉLIA (VENDO QUE LUCIANA ENCONTROU UM VESTIDO DA MÃE)   Esse vestido era da mãe. Deixa eu te ajudar. Ficaria bem em você, mas como você não vai ter filho...
ALINE   Hoje, apenas essas caixas, com as coisas de mamãe, apenas memórias, recordações de um tempo... (É INTERROMPIDA PELA BRIGA QUE VEM DE TRÁS DAS CAIXAS)

LUCIANA (RETIRANDO A CAMISOLA)   É melhor ficar com você, então.
MARIA AMÉLIA (DEVOLVENDO)   Não. Desculpa. Eu não quis… ai, desculpa.
LUCIANA   Imagina.
FERNANDA (CONTINUA)   E pra pegar a roupinha da Aline.
THIAGO   Do Juninho.
FERNANDA   Se fosse menino. Juninho. Pega pra mim.
THIAGO   Você não vai levar a roupa do Juninho!
FERNANDA   Onde está? Eu mesma pego.

FERNANDA COMEÇA A REMEXER AS CAIXAS DE THIAGO.

MARIA AMÉLIA E LUCIANA FICAM UM TEMPO SE OLHANDO, AMBAS SEGURANDO O VESTIDO DA MÃE. ELAS NÃO FALAM NADA, NEM RIEM, BEM SECAS. FERNANDA E THIAGO BRIGAM ENQUANTO LUCIANA CEDE E MARIA AMÉLIA VESTE-SE COM O VESTIDO DA MÃE, MOSTRANDO SUA BARRIGA DE OITO MESES. THIAGO VELHO LEVANTA-SE E CAMINHA DEVAGAR ATÉ UMA DIREÇÃO OPOSTA A ELAS, FAZENDO O MESMO GESTO DE ANTES, COM SEDE.

NESSE TEMPO, ALINE E PAULA ESCONDEM-SE ENTRE AS CAIXAS, COM MEDO DA BRIGA.

THIAGO   Você não vai levar a roupa do Juninho. Você não lembrou dele quando...
FERNANDA (INTERROMPENDO)   Não tem um só dia que eu não me lembre. Se eu vou urinar no banheiro, eu me lembro do sangramento, se eu...
THIAGO (INTERROMPENDO)   Você quis apagar todos os vestígos, transformou o quartinho em...
FERNANDA (INTERROMPENDO)   Eu não conseguia olhar pra...
THIAGO (INTERROMPENDO)   Então o que você vai fazer com a roupa do filho que você abortou?
FERNANDA   Abortamos.
THIAGO   Plural não diminui culpa.
FERNANDA   Eu vou levar o macacãozinho amarelo. Eu escolhi.
THIAGO   Você não vai me roubar essa lembrança.
FERNANDA   Pra que você quer a roupinha dele? Pra usar em outra criança, é isso?
THIAGO   Para, Fernanda!
ALINE (PARA A CÂMERA, SUSSURRANDO COMO UMA DENÚNCIA)   Os poloneses!
FERNANDA   É isso? Fala baixo! (OS DOIS PARAM)
MARIA AMÉLIA (ELA ACABA DE SE VESTIR ASSIM QUE A BRIGA ACABA E CORRE PARA VOLTAR A SENTAR O PAI)   Ele fica tão agitado quando os vizinhos brigam.
LUCIANA   Eu estou achando ele mais alegrinho hoje. Também, ele sabe que vai ter festa!
MARIA AMÉLIA   Não. O que você quer, paí? É... daqui a pouco tem festa de aniversário! A gente vai cantar aquela música que você adora!

ALINE   Fotografa, Paula, fotografa!
LUCIANA (VOLTANDO A PEGAR OS ÁLBUNS)   Você sabe por que ele nunca cantou parabéns pra você, só aquela música francesa cafona?

PAULA, ESCONDIDA, FOTOGRAFA A BRIGA
DE THIAGO E FERNANDA.

MARIA AMÉLIA (CARINHOSA COM O PAI)   Não é cafona. Eu gosto, mas não lembro mais a letra direito. (CANTAROLA UM TRECHO DE "ALINE", VERSÃO CANTADA POR CHRISTOPHE.)
LUCIANA   Não dá azar comemorar aniversário antes da hora, né, Maria Amélia?

ALINE E PAULA SE RECOMPÕEM DIANTE DA CÂMERA.

FERNANDA (MUITO EMOCIONADA)   Um filho morreu, tem outro pra esquecer o primeiro. Esqueci a Fernanda, vou usar a roupa do filho dela com outra. Planeja um jardim comigo e vai plantar cerejeiras nele com outra. É assim que eu vou te esquecer, Fernanda! Ou você é leviano comigo e vai me tirar da sua vida como quem se desfaz de um gato doente e ainda vai usar a roupa da Aline no filho de outra mulher. Ou pior, você é leviano com essa sua outra mulher e vai usar a roupa do "nosso filho" no filho dela.
ALINE   Você pede desculpas. Peço desculpas a vocês, mas é bom que vocês vejam o que está acontecendo. Esse vídeo não é só uma homenagem à mamãe e a esse jardim – que era tão lindo. Esse vídeo é também uma denúncia. Você denuncia. Porque a Casa do Jardim está sendo desapropriada. Vieram uns poloneses e começaram a ocupar a casa, dizendo que eram donos da propriedade. A casa foi sendo tomada. Eu e Paula ficamos aqui, trancadas como dois gatos doentes... o abacateiro entupiu a calha, quando chove é uma tristeza... A Paula foi limpar a calha e caiu...
THIAGO   É isso, Fernanda, eu sou um canalha.
FERNANDA   É isso, você é um canalha.
THIAGO   Sou um canalha.
FERNANDA   É um canalha.
THIAGO   Sou.
FERNANDA   É.

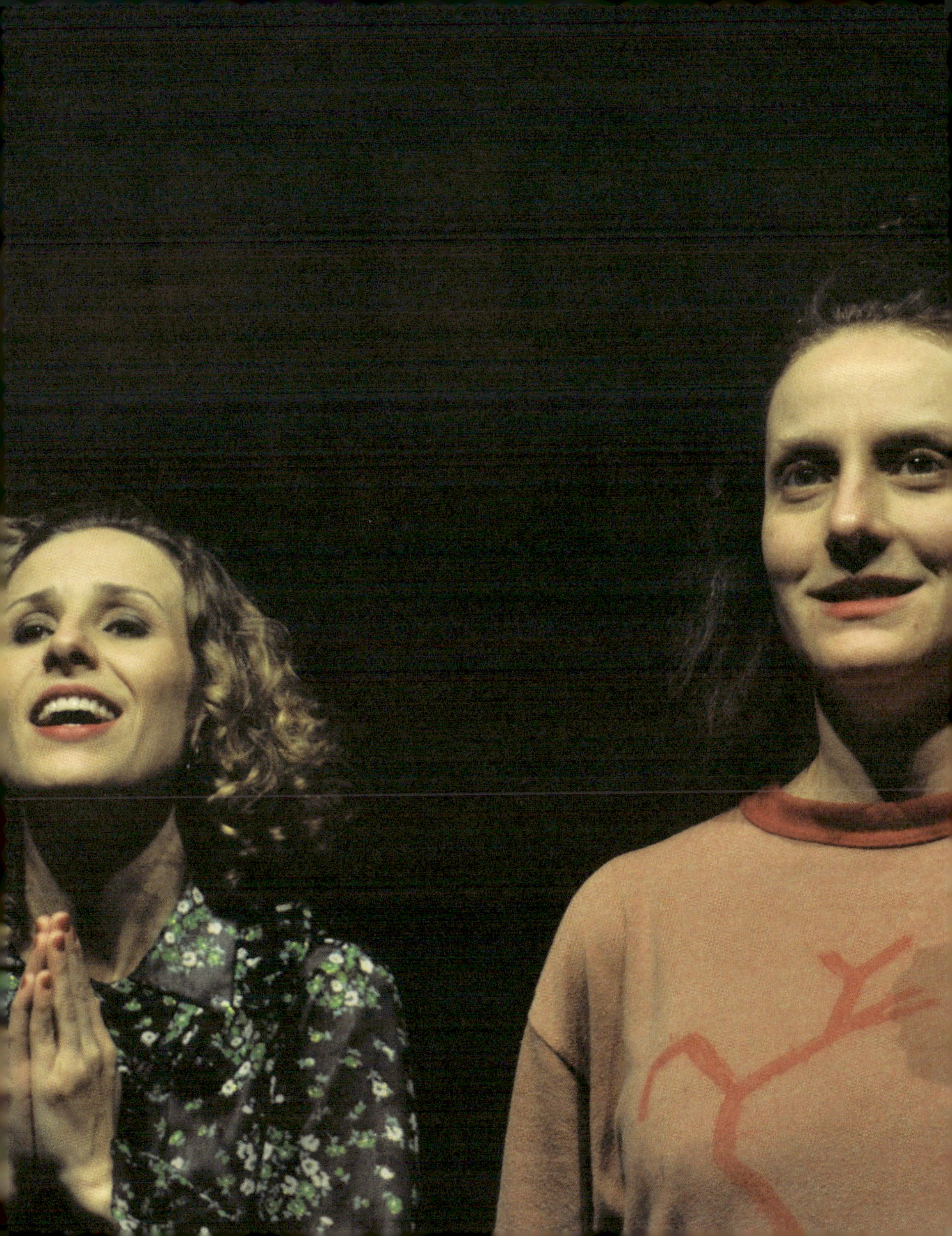

LUCIANA   Vou separar a caixinha, com as fotos. Pra ele... Sabe onde tem cola?
MARIA AMÉLIA   Naquela caixa.
LUCIANA   Que caixa?
MARIA AMÉLIA   Embaixo da caixa com as taças de festa.
THIAGO   E vou ter muitos outros filhos.
LUCIANA   Nossa! Tudo mofado aqui! Precisa ver isso, Maria Amélia.
FERNANDA   Sem mim.
THIAGO   Sem você.
FERNANDA   Sem mim.
THIAGO   Sem você!
FERNANDA   Vai me bater de novo?
LUCIANA.   Que horas são?
MARIA AMÉLIA (OLHANDO NO PULSO DO PAI)   Quatro e quarenta e quatro. Olha, sempre essa hora. Parece que o tempo não passa. Ou que tinha passado rápido demais, desde que a outra tinha ido embora.
LUCIANA   Achei!
MARIA AMÉLIA   Ela nem tinha percebido que já eram outras.
LUCIANA   Os balões. E o gravador.
MARIA AMÉLIA   Com as fitas?
LUCIANA   Ahan.
MARIA AMÉLIA   Ai que bom, aí tem Bee Gees, tem Gainsbourg, tem Styx, tem Elis, tem a trilha internacional de *Marrôn Glacê*, da Cabocla, o do Gil com aquela música nova de purpurina que você adora. Gravei tudo o que você gosta.

DURANTE A DISCUSSÃO, FERNANDA QUEBROU O VIDRO
DO PORTA-RETRATOS SEM FOTOGRAFIA. AGORA, DEPOIS
DE UM TEMPO SE RECUPERANDO, THIAGO COMEÇA A RECOLHER
OS CACOS. FERNANDA O AJUDA. OS DOIS, NO CHÃO,
RECOLHENDO OS CACOS, EM SILÊNCIO.

4. A MEMÓRIA DAS COISAS

LUCIANA (MOSTRANDO AS COISAS PARA O PAI) Agora sua festa vai ser linda, pai! Você vai enchendo pra mim, pai!? Pra ajudar na sua festinha!

PAULA (COÇANDO O GESSO. ALINE CONCORDA COM A CABEÇA) Antes tinha festa aqui, tinha chão limpo, tinha mangueira que dava manga, tinha móvel na casa inteira, tinha armário cheio de taça, tinha móvel sem caruncho, de mogno, tinha pia com água. Não tinha goteira, não tinha mofo, não tinha barata, não tinha rato, não tinha pulgão no jardim...

THIAGO Tivemos festas, tivemos beijos, tivemos fotografias, tivemos viagens, tivemos planos, tivemos apelidos.

FERNANDA Não tivemos um jardim.

THIAGO Agora tínhamos aquela vontade de esquecer um do outro. Mas o corpo é obstinado.

ALINE Se te perguntassem qual o dia mais feliz da sua vida, você não conseguiria se lembrar. Mas tem certeza de que foi aqui, na sua casa. Se é insalubre, nos ajudem, mas não tirem o que é nosso. Se a casa está em ruínas, nos ajudem a recuperar. Mas não tirem o que é de minha família. Eu estou com uma ferida no estômago por causa dessa história.

PAULA Tem exames constando.

ALINE A Paula vem acompanhando. Não me venham falar em usucapião ordinária...

PAULA (INTERROMPENDO, COM O GESSO) Nossa, tá coçando muito.

ALINE INTERROMPE, IRRITADA. COCHICHA COM PAULA, BRAVA.

PAULA (PARA A CÂMERA) Você pede desculpas.

FERNANDA Desculpa.

LUCIANA SENTA-SE NO CHÃO, COM AS FOTOGRAFIAS QUE DEIXOU ESPALHADAS. E COMEÇA A DECORAR UMA CAIXA COM ALGUMAS FOTOS. EM SILÊNCIO, MUITO CONCENTRADA. MARIA AMÉLIA AJUDA O PAI COM AS BEXIGAS.

MARIA AMÉLIA   Sopra fundo, assim, pai. (PAI FAZ GESTO
DE QUE ESTÁ COM SEDE) Não, pai, não. Olha, assopra assim!

THIAGO VELHO ENCHE BALÕES, DEVAGAR.
MARIA AMÉLIA AO SEU LADO...

MARIA AMÉLIA   Tinha um armário aqui, lembra? Mas já estava
todo cheio de cupim, caruncho. Tem me acontecido uma coisa
estranha. (PAUSA) Meus sentidos, não sei, vai parecer bobagem,
mas eles estão começando a falhar. Eu percebi isso no dia em
que levei o armário lá pro jardim e não senti nada. Quer dizer, eu
sinto o tato, o cheiro, ou ouço as músicas que gravei pra você
todo dia. Tudo normal, mas a sensação é morta. Tudo de repente
ficou insignificante. Não, pai, senta. Olha outro balão pra você,
sopra, sopra!

ALINE   Você recomeça. Você achou o... qual o nome?
PAULA   O liquidificador.
ALINE   Não... o... que horas são? Ai, Paula, me ajuda...
o... esqueci o nome... ponteirinho.
PAULA   Relógio?
ALINE   Isso, relógio.
PAULA   Achei, achei. Está ali.

FERNANDA   **Lembrei!**
MARIA AMÉLIA   Se me perguntassem, há um tempo atrás, qual
a época mais feliz da minha vida, eu ia dizer, sem pensar, que
foi a época em que éramos eu, você, a mãe e até o pai. Aqui, como
eu me lembrava, das fotos.

THIAGO   Do quê?
FERNANDA   O que eu tinha que te falar, por que eu vim.

ALINE (REARRUMANDO PAULA, ESCONDENDO O GESSO DELA)
Isso. Fica assim, agora. Esconde essa mão, aí quando a gente vir
o vídeo a gente nem lembra que estava assim. Olha pra frente.

FERNANDA VAI ATÉ A CAIXA QUE TROUXE. MOSTRA UMA CAIXA
DE FOTOS A THIAGO.

LUCIANA (MOSTRANDO UMA FOTO PARA
MARIA AMÉLIA)   Para a outra o passado não deixava
de passar. Olha que gracinha você no bondinho.

FERNANDA   Eu trouxe as fotos que você deixou lá.
THIAGO   Você achou?
FERNANDA   Eu não vou ficar com isso sozinha. (PAUSA)
Tínhamos um museu pra compartilhar.
    MARIA AMÉLIA   Agora ela olhava uma foto de quando tinha dez anos e via uma coisa que nunca tinha percebido: nunca soube quem era. Nunca teve ideia. Sempre fez o que a mandaram fazer, sempre foi a mais humilde, a mais obediente. Antes, ela achava que era assim: bem pouco egoísta, mas hoje ela sabe que sempre foi covardia.

THIAGO OLHA A CAIXA DE FOTOS, EMOCIONADO.

    THIAGO VELHO (TENTANDO SE LEVANTAR OUTRA VEZ)
Fe-fe-fernanda.
THIAGO   Tínhamos a caixa de fotos, onde muitos parentes, lugares, épocas, animais domésticos e cortes de cabelo suplicavam para que não fossem esquecidos.
    MARIA AMÉLIA (JÁ MUITO IRRITADA)   Senta, pai! Meu Deus do céu! Que flagelo! Não tenho sossego pra nada.
    LUCIANA   Nossa, Mamé. Precisa tratar o pai assim?
    MARIA AMÉLIA   Assim como?
    LUCIANA   Assim.
    THIAGO VELHO (TENTANDO SE LEVANTAR)   Fe-fe-fernanda.
    MARIA AMÉLIA   A outra estava ali, na sua frente, acusando-a sem palavras.
    LUCIANA   Nossa, me deixa continuar pra você.
    MARIA AMÉLIA   Então continua, Luciana. Continua a preparar a sua festinha, continua.
    LUCIANA   A outra estava ali, na sua frente, acusando-a com palavras.
FERNANDA   Aqui ficaria bom se você colocasse um armário.
    MARIA AMÉLIA (AJEITANDO O PAI COM VIOLÊNCIA)   Continua, mas não faz só uma colagem pra ele, não, troca também a fralda dele. E sente a vergonha de ver seu pai andando sem roupa pelo jardim, e limpa a boca, e aguenta ouvir ele chamando… Pai, fica quietinho.
    LUCIANA   Você ficou porque quis, Maria Amélia. A gente podia ter deixado ele em uma instituição há muito tempo, mas não, a outra é a Madre Teresa. É, é bem fácil mesmo. Ele não lembra

mais mesmo, manda pra um asilo, se livra dele e vem fazer uma festinha no aniversário.

ALINE (VOLTANDO A GRAVAR O VÍDEO, INTERROMPIDA PELA BRIGA SIMULTÂNEA) Você continua. Olá, eu sou a Aline. Aline Paes de Barros. Essa é Paula, minha funcionária. Hoje, 22 de agosto de 2011, nós estamos aqui para prestar uma homenagem à mamãe, que nos deixou há uma semana. Essa homenagem é também uma despedida dessa casa em que eu passei a minha infância, junto com a Paula, que foi criada como uma filha pela mamãe e é como uma irmã para mim. Vamos dar início a um inventário do que resta de nossa família, um memorial que, além de uma homenagem, é uma garantia de que essas coisas vão permanecer, de que elas não serão furtadas por essas pessoas que ocupam a casa.

THIAGO Depois eu separo isso. O quê?
FERNANDA Hã?
LUCIANA Você acha que é fácil pra mim? É isso? Eu quero fazer esse momento especial pra ele, mas você não entende dessas coisas, nunca entendeu. Por isso que o Érico te deixou.
(MARIA AMÉLIA SE CALA)
FERNANDA Eu, se fosse morar aqui, colocaria um armário. Bem aqui.
THIAGO Eu não tenho nenhum móvel. Eu me vi assim, de repente, no meio de dezenas de caixas de taças de vinho, pratos, talheres, aquelas pilhas de roupa – que você escolheu pra mim, porque conhece o meu gosto mais do que eu – e nenhum móvel.

ALINE (SE RECUPERANDO) Você não desiste. Eu queria começar falando do relógio. Pega o relógio, Paula. Um relógio St. Morritz, não funciona mais, infelizmente. Ele pertenceu ao meu avô, de quem eu pouco me lembro. Mamãe me entregou esse relógio assim que vovô faleceu, eu tinha 6 anos. Ela contava que nos últimos dias de vida, numa casa de repouso, vovô ficou cismado com as 6 horas da tarde. E foi esse o horário em que ele morreu. Mistério.

FERNANDA PARA. OS DOIS ESTÃO DISTANTES. MARIA AMÉLIA E LUCIANA ESTÃO PARADAS, DO LADO DE THIAGO VELHO, QUE CONTINUA A ENCHER OS BALÕES.

THIAGO Esses presentes de casamento ali, que nunca usamos.
FERNANDA Nossos 538 convidados naquela caixa.
THIAGO Se me perguntassem, há um tempo atrás, qual o dia mais feliz da minha vida, eu ia dizer, sem pensar, que foi a "nossa festa". Só de me perguntarem daquele dia, eu era capaz de ficar flutuando no ar, sem resposta. Mas agora eu guardei tudo nessas caixas.
PAULA Você sabe que a maior parte da memória está fora de você, numa viração de chuva, numa caixa de papelão, num cheiro de quarto fechado, em toda parte em que você encontra o que a cabeça desdenhou por não achar mais útil, a última reserva do passado, a melhor, aquela coisa que, quando você nem sabe mais porquê, ainda sabe fazer você chorar.
FERNANDA Quando foi que tínhamos começado a nos tornar só uma cópia do que a gente lembrava ser?
LUCIANA Desculpa.
MARIA AMÉLIA Tudo bem, Luciana. Você está certa, você está certa. A outra nem tinha ido embora e ela já estava se censurando.
THIAGO Semana passada eu comprei um valete. Sabe? Um cabideiro pra quarto, de madeira assim, com uma parte assim e umas gavetinhas pra miudezas. Um valete duplo. Percebi que as roupas não vão pro lugar delas sem você. Há 5 anos... (PAUSA)
FERNANDA (OVER) ...e 8 meses... isso acontecia. Mas agora, não me faz mais falta. Sem você, eu tenho um valete.
LUCIANA A outra tinha escrito muitas páginas sozinha. Mas ainda faltava um longo capítulo, capítulo que ainda faz parte daquela história, da família: o esquecimento. E elas o fariam juntas.
ALINE Você tinha colecionado muitas caixas com ontens. Mas ainda faltava encher uma última caixa, caixa que ainda faz parte dessa história, da casa do jardim: a despedida. Vocês se despedem, juntas.
MARIA AMÉLIA Me ajuda que vai mais rápido.
ALINE Me ajuda que vai mais rápido.

5. O PASSADO

THIAGO, EMOCIONADO, COMEÇA A CANTAROLAR BAIXO A
MÚSICA DO CASAL ("JE LA MEMOIRE QUI FLANCHE", NA VERSÃO
CANTADA POR JEANNE MORREAU). FERNANDA, A PRINCÍPIO,
RECUSA REVIVER ESSE MOMENTO, MAS LOGO COMEÇA A SE
DIVERTIR TAMBÉM. THIAGO CANTA PARA QUE FERNANDA DANCE.
ELA DANÇA. OS DOIS SE DIVERTEM, COMO SE PUDÉSSEMOS
VER UM FRAME DO INÍCIO DE SEU RELACIONAMENTO.

THIAGO *Padadoudi doudadoudé doudoudi doudidou*
FERNANDA Pára, Thiago
THIAGO Lembra? (CANTA)
"J'ai la mémoire qui flanche
Je me souviens plus très bien
Voilà qu'après toutes ces nuits blanches
Il ne reste plus rien
Rien qu'un petit air
Qu'il sifflotait
Chaque jour en se rasant:
Padadoudidoudadoudé doudoudidoudidou"
    THIAGO VELHO (CANTAROLA, TOMADO
    POR UMA LEMBRANÇA) *Padadoudidoudadoudé...*
    LUCIANA Animou, pai?

THIAGO E FERNANDA SE BEIJAM POR UM LONGO TEMPO.

    ALINE Aqui estão algumas coisas de mamãe e de tia Luciana, coisas que esses ocupantes jogaram de qualquer junto e que nós duas, juntas, não é, Paula?
    PAULA É.
    ALINE Juntas, nós recolhemos embaixo de chuva, com nossas próprias mãos, do jardim. Um jardim tão lindo, com cerejeiras, azaleias, uma mangueira enorme, mas que hoje está abandonado, tem plantinha que nem nasce mais.
    LUCIANA Pai, o senhor vai pra um lugar lindo. Como é o nome do hotel, Mamé?
    MARIA AMÉLIA Não é um hotel, é um asilo. Azaleia.

PAULA   Dá tristeza. Tudo seco. Agora eles querem cortar a cerejeira porque a raiz está entrando no terreno do vizinho.
ALINE   Uma árvore que estava ali durante toda a minha infância, não é, Paula?
PAULA   É.
ALINE   Uma tristeza. O jardim cheio de passarinhos.
PAULA (EMOCIONADA)   Tinha sabiá que entrava pela janela.
ALINE   Não, isso não interessa, Paula. Fala das caixas, Paula. As de cima.
LUCIANA   Azaleia, pai. Vai ter gente pra cuidar de você o tempo inteiro. Tudo cheirosinho, *un régal*. Quem sabe o senhor não arranja uma namorada? E você vai ter uma caixinha com as nossas fotos, pra sempre que der saudade. Tem um monte de gente lá pra se ocupar de você. Eu tenho certeza de que você vai arranjar uma namoradinha. Lá tem um jardim lindo, não é, Mamé?
MARIA AMÉLIA   É.
LUCIANA   E passarinho. Lembra que meu apelido era piu?
FERNANDA (AINDA BEIJANDO THIAGO)   Tucho! Tucho! Você lembra a primeira vez que você foi dizer meu nome, nesse dia, e saiu assim, gaguejado? (PAUSA) Repete pra mim, Fão. Eu ainda sou sua polaca.
THIAGO (EMOCIONADO)   Para, Fernanda, para.
LUCIANA   A memória de um passarinho morto pra sempre em seu bolso. Você gosta de passarinho, não gosta?
MARIA AMÉLIA   A mãe é que gostava.
LUCIANA   O pai também gostava.
MARIA AMÉLIA   Mas a mãe gostava mais.
LUCIANA   Maria Amélia, é passarinho. Não tem quem não goste de passarinho.
MARIA AMÉLIA   Ah, tá.
PAULA   Ah, tá. Esta aqui está cheia de potes de cereja vazios, vários de vidro e tem uns dois de ferro. Esta aqui tem um monte de *lingeries*, da Dona Maria Amélia e da Dona Luciana, que são a mãe e a...
ALINE   ...tia...
PAULA   ...tia da Dona Lili... Aline. Então, as lingeries muito coloridas, umas mais assim. Essa tem as roupas de cama e o enxoval do seu Thiago, que faleceu há muito tempo. Aqui tem umas quatro caixas só com fotografias, muitas fotografias,

de tudo quanto é coisa, de festa, de casamento, de batizado... Tem a roupinha de batizado da Dona Aline, amarelinha.

ALINE   Pra frente, Paula.

FERNANDA   Você não se esqueceu de mim. Diz olhando pra mim que você vai me esquecer. Diz, Fão. Eu não vou te esquecer. Diz se você tem coragem. (CONTINUA)

THIAGO   Me deixa continuar. E não me chama mais assim.

PAULA   Nessa estão os copos em que eu preparava as cubas da Dona Maria Amélia. As xícaras, já tem um monte trincada. Mas nessa daqui, tem umas taças. (DESLUMBRADA) Umas taças assim bem, sabe aquelas fininhas, de festa. Chiquérrimas. Muito chiques mesmo.

LUCIANA   Pai, lembrei! Uma vez eu fiz uma peça que...

MARIA AMÉLIA   Ele não entende, Luciana. Você já contou, do jardim de cerejeiras, não é?

ENQUANTO ISSO, ALINE E PAULA COMEÇAM A EXIBIR SUA COLEÇÃO DE OBJETOS.

ALINE (MOSTRANDO PARA A CÂMERA)   Um pano de pratos com motivos de cereja que mamãe adorava.

PAULA   Um quadro do Seu Thiago.

ALINE   Meu avô.

PAULA   Do lado do Plínio Salgado.

THIAGO   Tínhamos escrito muitas páginas juntos. Mas ainda faltava um longo capítulo, capítulo que ainda faz parte daquela história, do amor: o esquecimento.

LUCIANA   Não, não, é outra. Uma peça francesa: *Les Oiseaux*, um infantil que eu fiz bem no comecinho da carreira.

ALINE   Um porta-retratos com uma foto da mamãe, criança, no bondinho.

PAULA   Uma foto do jardim.

FERNANDA   Seu jardim sem mim.

PAULA   Um uniforme da escolinha cisne da Dona Aline.

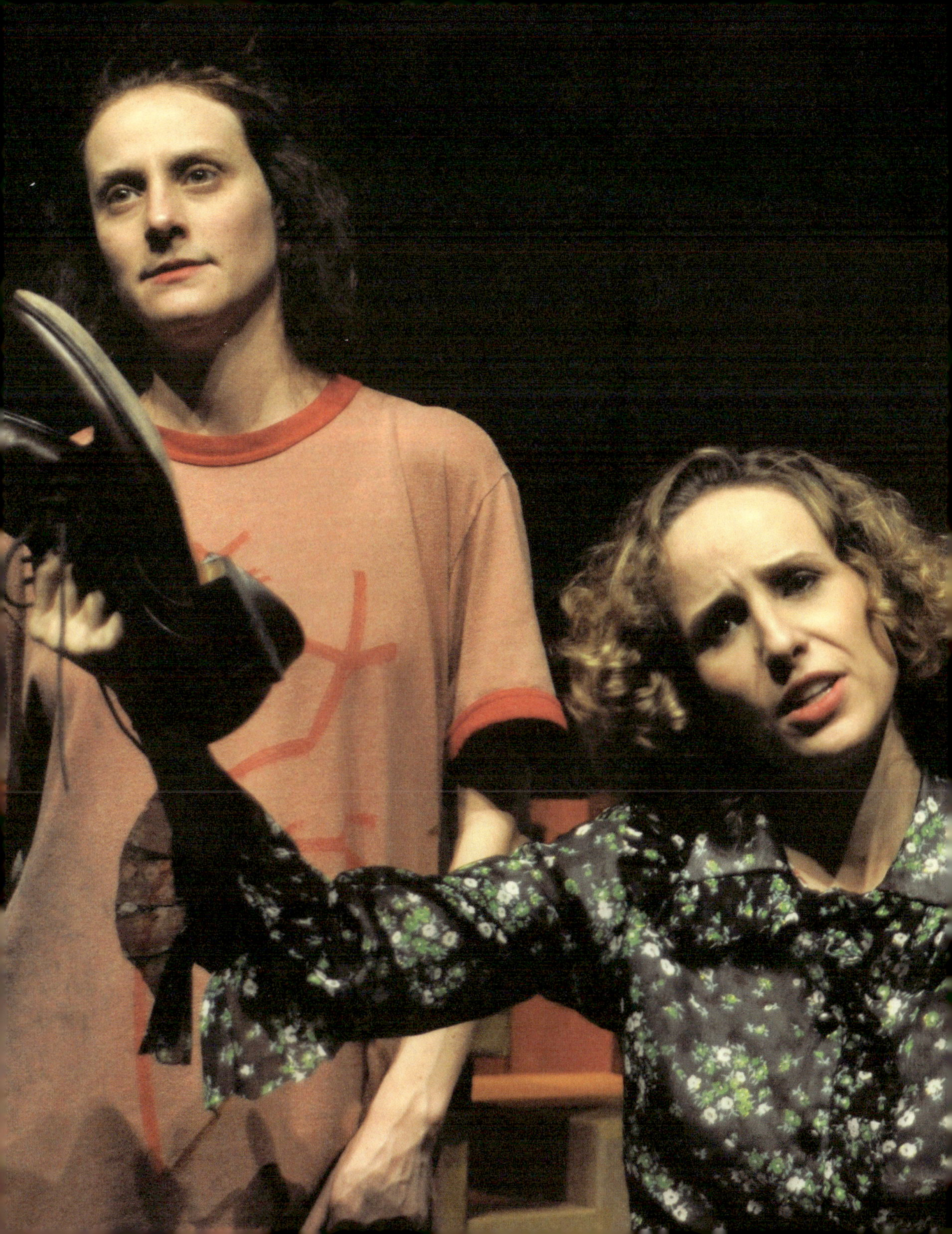

6. AS FOTOS

FERNANDA PEGA A CAIXA DE FOTOGRAFIAS

FERNANDA Nós vamos dividir juntos. As fotografias.

ALINE Um álbum com toda a família.

LUCIANA Contava a história de uma época em que não tinha terra, só céu e pássaros por toda parte. Como não tinha terra, os rouxinóis e os pintassilgos e as andorinhas tinham que ficar voando sem parar, em círculos… porque não tinha chão. Um céu cheio de passarinhos. E tinha uma pardal – eu fazia a pardal –, e o pai dela, da pardal, morreu. E era um problema, porque o que é que ela ia fazer com o corpo? Não tinha lugar pra enterrar. Mas a passarinha então decidiu enterrar o pai aqui, na parte de trás da cabeça. Antes disso, os passarinhos não podiam se lembrar de nada, eles só podiam voar em círculos. (PAUSA) No teatro, essa história funcionou.

FERNANDA (REPETE, ENTREGANDO AS FOTOS PRA THIAGO)
O seu jardim sem mim.

MARIA AMÉLIA A mãe ia gostar tanto dessa história. Ela gostava tanto de pássaros, passava o dia observando no jardim ou nas janelas de onde estivesse. Meses depois de ela ter morrido, minha mão ainda ia, assim por vontade própria, até o telefone sempre que eu via um beija-flor ou um sabiá invadir a casa. Gostava tanto da mãe, mas foi ele quem sobrou.

FERNANDA Os móveis não são um problema em separações. Um tapete é sempre um tapete. Sempre serve. Isso faz com que ele possa continuar vivendo, em outra vida, em um novo contexto. Mas as fotografias, quando o contexto desaparece, não servem para nada. Só passado.

ALINE (MOSTRANDO O ÁLBUM) O vovô, ora com barba, ora sem barba. Festinhas de aniversário. A tia Luciana, antes de pintar o… qual o nome? Cabelo. Aqui, meu baile de debutante, meus 15 anos… Aqui a Lilian gorda, uma amiga. Olha a mamãe novinha. Mostra, Paula, mostra.

OS DOIS PASSAM UM TEMPO SEPARANDO AS FOTOGRAFIAS.
CONTINUAM COM FRAGMENTOS DE MOMENTOS VIVIDOS JUNTOS
POR ELES. RIEM MUITO.

ALINE E PAULA CONTINUAM A MOSTRAR SUA COLEÇÃO.

MARIA AMÉLIA E LUCIANA ENCHEM BALÕES PARA
A FESTA DO PAI.

ALINE (MOSTRANDO UM VESTIDO IDÊNTICO AO QUE MARIA AMÉLIA USA) Uma camisola que foi da minha avó, mas que mamãe também usou durante a gravidez.

PAULA Uma coleção de VHS sobre as guerras mundiais.

THIAGO Você lembra quando caiu macarrão no tapete... (RINDO)

FERNANDA No dia do casamento, que você tirou... (RINDO)

ALINE Um diário em que mamãe escrevia receitinhas em francês, as receitas de madeleine. Na capa está escrito "bruma". As bexigas da mamãe.

PAULA Um VHS em que está gravado o capítulo de *Renascer* quando o Leonardo Vieira descobre que a Maria Santa morreu.

ALINE Uma coleção de... qual o nome, Paula?

PAULA Disco.

ALINE LPs. Tem Bee Gees, tem Christophe. Uma carta psicografada pelo Vinicius de Moraes.

PAULA (PEGA UM VESTIDO DE FESTA) Esse era qual mesmo?

ALINE O vestido de *réveillon* que a tia Luciana estava usando no dia em que ela morreu. Fotografa, Paula, fotografa. Tia Luciana morreu num acidente de barco muito famoso, no *réveillon* de 88 para 89, o Bateau Mouche, todos vocês já devem ter ouvido falar. Ela estava com uma amiga, atriz da Rede Globo na época, Yara Amaral. Uma tragédia.

PAULA A senhora lembra disso?

FERNANDA Lembra disso, Tucho?

ALINE De ouvir. É como se lembrasse. Continua, Paula, continua.

PAULA Um rouxinol empalhado que dizem que Dona Assi, avó da Dona Aline, que eu não conheci, gostava muito.

PAULA Umas medalhas de competição canina, do primeiro Cazuza.

99

ALINE   Cadê o Cazuza II, Paula?
PAULA   No jardim.
ALINE   Cazuza é um cachorro campeão.
PAULA   Cazuza é um irmão para mim.
ALINE   Um gravador com fita cassete que mamãe
(SE EMOCIONA)... um monte de fitas... (LIGA O GRAVADOR
E OUVE-SE UM TRECHO DA VOZ DE MARIA AMÉLIA
E FERNANDA, EM 1979. ALINE SE EMOCIONA MUITO,
DESLIGA O GRAVADOR.)

LOGO, FERNANDA E THIAGO TAMBÉM SE EMOCIONAM.

FERNANDA   Lembra quando descobrimos a Aline...
THIAGO (INTERROMPENDO)   Juninho.
FERNANDA   Até isso você vai roubar de mim?
PAULA (TENTANDO CONSOLAR ALINE)   Ai, Dona Lili.
ALINE(INTERROMPENDO)   Aline, Paula. Está gravando.

TODOS FICAM UM TEMPO PARADOS, EM SINCRONIA.

LUCIANA   As duas estão paradas, sorrindo, como que para uma fotografia futura.
PAULA   Vocês estão paradas num quarto em ruínas. Nenhum futuro, só o que vocês têm é o passado.
THIAGO   Pode ficar com o resto. Eu só quero essas duas.
FERNANDA   Tínhamos separado as fotografias. Afinal, havia alguma ordem, as coisas nos seus lugares, cada um de nós no início de uma estrada que o outro não pode acompanhar.
ALINE   Quase me esqueci. Aqui está o que sobrou do meu avô. Um... qual o nome?
PAULA   Navalha.
ALINE   Uma navalha e um par de chinelos. Tão triste as coisas durarem mais que as pessoas.
FERNANDA   Não gesticulamos. Estamos parados, sorrindo, como que para uma fotografia futura.
PAULA   Porque é nas coisas que está a memória da gente.
(PAUSA) Ontem, Dona Lili, eu abri o armário da cozinha para guardar louça e os docinhos de cidra e abóbora que só a Dona Maria Amélia gostava ainda estavam lá.

7. ANIVERSÁRIOS

FERNANDA RECOLHE AS OUTRAS FOTOGRAFIAS. VAI ATÉ SUAS COISAS, CALÇA O SAPATO.

FERNANDA Quase me esqueci. (COMEÇA A RETOCAR A MAQUIAGEM, COM UM PRESENTE NAS MÃOS)
  MARIA AMÉLIA Quase me esqueci. O glacê do bolo já deve ter derretido de novo. Eu já retoquei três vezes. (VAI RETOCAR O BOLO, INVADINDO O ESPAÇO DE 2011)
    ALINE (VENDO QUE MARIA AMÉLIA INVADE A CENA E PEGA O BOLO) O bolo, Paula, o bolo!
LUCIANA É melhor já dar o presente, não é? Eles já devem estar chegando, aí a gente tem tempo de se despedir direito, pra gravar o recadinho.
  PAULA Isso não está certo. Era pra festinha de despedida. Nem Deus dá conta.
LUCIANA (SE ARRUMANDO E PEGANDO UM EMBRULHO PARA O PAI) Você vai usar esse vestido? Não dá azar comemorar antes, não!
  ALINE (EMOCIONADA) É complicado. Eu queria abrir um parênteses nessa homenagem pra explicar o que é esta baderna.
MARIA AMÉLIA (MOSTRANDO O BOLO) Olha, pai! Eu fiz tudo o que ele gosta, igualzinho à mãe fazia. As *petit madeleine*, as minicharlotes, as ganaches, os *financiers*... Só ficou faltando a *fruit brûlée*, que não deu tempo.
  ALINE A casa está sendo tomada. O que acontece é que veio um pessoal aqui, dizendo que era da parte de uma família polonesa e que essa casa era deles. E eu não tenho condições de fazer o inventário, a escritura se perdeu, e nós estamos sendo expulsas. Eu e a Paula reviramos cada caixa atrás da escritura. (GRITANDO) Cadê a escritura?
THIAGO O que devíamos fazer era gritar, um grito longo e feliz que soaria pelo jardim inteiro.
  ALINE E eles vão ficando enquanto a justiça não decide. Mas nós vamos resistir, nós não vamos abandonar a casa do jardim. Porque eu posso não ter a escritura, (MOSTRA UMA PASTA COM ASSINATURAS DIVERSAS) mas eu tenho testemunhas.

THIAGO   Era essa felicidade que deveríamos nos oferecer.
Mas não fazemos, não faço.
　　　　　　　　　　PAULA   Não dá pra deixar nem sabonete no banheiro, não dá pra
　　　　　　　　　　fazer um bolo que eles comem. E deixam tudo sujo. E a casa era
　　　　　　　　　　tão bonita. Dona Luciana gostava de dar muitas festas aqui, trazia
　　　　　　　　　　presente pra todo mundo.

LUCIANA COMEÇA A CANTAROLAR UMA MÚSICA DE ANIVERSÁRIO
NO PRESENTE QUE SEGURA, PARA O PAI.

FERNANDA TAMBÉM CANTAROLA A MESMA MÚSICA.

　　　　　　　　　　PAULA   Teve uma festa que ela fez aqui que foi muito chique.
　　　　　　　　　　É a coisa mais linda que eu consigo lembrar. Tinha muita
　　　　　　　　　　gente, eu falei que ficava até o final, pra ajudar a limpar depois.
　　　　　　　　　　Eles usaram as taças chiquérrimas. E mandaram alugar mais.
　　　　　　　　　　Veio uma amiga da Dona Luciana, que fazia novela…
　　　　　　　　　　ALINE   Yara Amaral.
　　　　　　　　　　PAULA   Tocou aquela música, do seu nome, Dona Aline.
FERNANDA (DANDO UM PRESENTE A THIAGO)   Feliz aniversário!
　　　　　　　　　　LUCIANA (DANDO UM PRESENTE A THIAGO VELHO)
　　　　　　　　　　Feliz aniversário!
THIAGO   Eu ia devolver o relógio, porque não se dá…
FERNANDA   Abre. Sei que é só na quarta, mas como eu não
sei se vou te ver…
　　　　　　　　　　LUCIANA   Abre. Sei que é só depois de amanhã, mas eu não vou
　　　　　　　　　　poder ficar…
　　　　　　　　　　ALINE   Bem lembrado, Paula. Mamãe me deu esse nome
　　　　　　　　　　por causa de uma canção francesa que fez muito sucesso.
　　　　　　　　　　Canta, Paula.

PAULA CANTA UM TRECHO DA MÚSICA FRANCESA "ALINE"

　　　　　　　　　　ALINE   A Paula é tão engraçada. Fala um pouquinho
　　　　　　　　　　de você, Paula.
　　　　　　　　　　PAULA   Você não tem o que contar, todas as suas memórias são
　　　　　　　　　　da outra. Eu não sei falar assim, não.

THIAGO ABRE O PRESENTE. É UM CASACO.
O MESMO CASACO QUE THIAGO VELHO ESTÁ USANDO.

THIAGO   Obrigado.
FERNANDA   Não dá azar comemorar antes, não. Você vai poder usar no seu jardim, olhando os pássaros e se esquecendo de tirar as ervas-daninhas. Nos dias frios. (PAUSA) Me promete que vai usar? Eu devia ter escrito meu nome na gola. Assim, meio gaguejado. Fe-fe-fernanda. Lembra porque você me chamava assim?
THIAGO   Não.
FERNANDA   Experimenta, Tucho.
THIAGO   Não.
LUCIANA (MOSTRA O PRESENTE)   Olha, pai. É uma surpresa, sei que o senhor adora. Abre, pai? Eu sei que o senhor está chateado comigo, porque eu não pude vir... está fazendo birra. Mas quando você abrir, você vai ver o trabalho que deu pra achar. (PAUSA) Abre, pai! Por favor! Abre e diz que gostou.
FERNANDA   Só do que precisávamos era de um sim. (PAUSA) Por favor, Fão. Eu te ajudo!
LUCIANA   Só o que ela precisava era de um sim. (PAUSA) Hein, pai! Eu te ajudo!

THIAGO VESTE O CASACO POR CIMA DA CAMISA.
SEU CURATIVO ESTÁ SANGRANDO.

LUCIANA ABRE O PRESENTE. É UMA COLEÇÃO DE VHS
DAS BATALHAS DA SEGUNDA GUERRA MUNDIAL. A MESMA
JÁ MOSTRADA POR ALINE.

8. CICATRIZES

LUCIANA   Olha, pai! VHS, chique né? São as batalhas da Segunda Guerra! Aqui tem a Invasão da Sicília. Aqui, a história dos franceses... o... Gostou? (BEM PERTO DO PAI, PERCEBENDO QUE O PAI NÃO RESPONDE) A gente vê isso depois. Antes dava pra saber

que era ele, mas agora. Você vai vendo a pessoa sumir, sumir...
até desparecer.

PAULA   Sempre que eu penso em mim, parece que eu ainda sou pequena. Eu comecei a trabalhar aqui quando eu tinha 7 anos e fiquei a vida inteira. A vida inteira. Você pode passar uma vida inteira sem ter as coisas e ainda assim se lembrar delas. Eu sou a pessoa mais feliz da face da Terra, nunca me acontece nada, e agora que me acontece uma coisa eu não posso me queixar, já que é costume não me acontecer nada. E as pequenas vezes, e foram tantas, que eu gostaria de deitar no chão e nunca mais me mexer, de ficar no escuro e nunca mais responder... estas pequenas vezes, eu guardei aqui, na minha cabeça. Eu não tive mãe, eu não tive cachorro, eu não tive irmã, nem primo, nem jardim.

LUCIANA   Você deixou ele cair?

FERNANDA   Thiago, olha isso! Vou trocar esse curativo pra você, ou vai manchar o casaco novo. Onde tem mercúrio aqui?

MARIA AMÉLIA   Não!

LUCIANA   Essa cicatriz sempre esteve aqui?

MARIA AMÉLIA   A vida inteira.

THIAGO   Deve estar nessa caixa aí, perto das taças da nossa festa.

ALINE   A Paula sabe fazer mágica.

PAULA   Não tive foto de aniversário, não tive presente, não tive docinho, não tive...

FERNANDA (ATRAVESSA A CENA, ENTRA ONDE ESTÃO PAULA E ALINE PARA PEGAR OS CURATIVOS E DIZ EM POLONÊS)   Você sem mim, hein?

ALINE (ASSUSTADA COM A PRESENÇA DA "POLONESA")   Não, não! (FERNANDA SAI, ALINE E PAULA ESTÃO NO CANTO, COM MEDO)

FERNANDA VOLTA PRA PERTO DE THIAGO COMEÇA A TROCAR SEU CURATIVO.

FERNANDA   Vai arder um pouquinho.

PAULA (DENUNCIANDO)   Eu tive um acidente. O meu braço, o que aconteceu é que esses poloneses...

LUCIANA   A gente pode passar uma vida inteira vendo uma coisa e ainda assim não se lembrar dela. (BEIJA A CICATRIZ DO PAI)
ALINE (VOLTANDO)   Não fala disso não, Paula. Só do que a gente quer lembrar.

THIAGO   Ainda não cicatrizou.

FERNANDA   Essas coisas demoram mesmo. (PAUSA) E se nós já tivéssemos nos esquecido há muito tempo, só não tínhamos nos dado conta?

LUCIANA (VAI BEIJAR O PAI E SENTE O CHEIRO DO CASACO)   Nossa, essa blusa está com um cheiro muito forte.

THIAGO   Ai, ai, polaca… assopra, assopra.

MARIA AMÉLIA   Nem Deus tira essa blusa dele. Já tentei.

FERNANDA ASSOPRA, ENQUANTO TROCA O CURATIVO,
SE APROXIMA BASTANTE DE THIAGO. OS DOIS SE BEIJAM.
THIAGO A AFASTA. ELA TENTA MAIS UMA VEZ, SOBRE
O SEU COLO. THIAGO VIRA O ROSTO.

PAULA   Mas é que eu queria pedir um favorzinho pra senhora? Assinar aqui no meu gesso, pra mim. Só um recadinho.

ALINE (RI)   Que bobagem, Paula. Depois você vai tirar o gesso e vai esquecer o recadinho. Eu assino um papel.

PAULA   Se eu olhar todo dia até o dia de tirar o gesso, eu acho que vou lembrar, mesmo depois que for sumindo, sumindo, sumindo e aí desaparecer.

ALINE ASSINA O GESSO.

9. O CASACO

PAULA   Eu gosto muito de trabalhar aqui, Dona Lili. E eu não queria que a senhora fosse embora. Eu vou pra onde?

ALINE   Pra onde a Paula vai?

ALINE INTERROMPE A GRAVAÇÃO DO VÍDEO, INDICA
QUE JÁ ACABOU.

ALINE (PARA PAULA, OUTRO TOM)   Recolhe tudo, Paula.
LUCIANA (TENTANDO TIRAR A BLUSA DO PAI)   Eu te ajudo. Vem.

LUCIANA FAZ BARULHO COM AS PULSEIRAS PARA O PAI.
ELE SE INTERESSA. ELA COMEÇA A CANTAR A MÚSICA
"TURBILLON DE LA VIE". ENQUANTO ISSO, MARIA AMÉLIA
VAI TIRANDO A BLUSA DO PAI, COM MUITA DIFICULDADE.
MARIA AMÉLIA CONSEGUE TIRAR A BLUSA. THIAGO VELHO
ESTÁ SEM CAMISA. LUCIANA PASSA A MÃO PELA PELE
DO BRAÇO DELE, BEIJA SEU ROSTO. MARIA AMÉLIA
VAI ATÉ ALGUMAS CAIXAS, ABRE E PROCURA UMA NOVA
CAMISA. THIAGO VELHO, OUVINDO A MÚSICA, AGARRA
OS SEIOS DA FILHA LUCIANA. PARA QUE MARIA AMÉLIA
NÃO PERCEBA, LUCIANA CONTINUA A CANTAR A MÚSICA,
EMBORA MUITO EMOCIONADA.

THIAGO COM O CASACO, AFASTA FERNANDA. ELA COMEÇA
A DANÇAR PARA ELE. ELE APENAS A OBSERVA. A DANÇA
DE FERNANDA VAI FICANDO CONSTRANGEDORA. ELA
RETIRA A BLUSA, APROXIMA OS SEIOS DE THIAGO,
COLOCA AS MÃOS DELE SOBRE ELA, TENTA BEIJÁ-LO.
NÃO É UM ATITUDE SENSUAL, MAS DESESPERADA.

THIAGO SAI, DEIXANDO FERNANDA NUA,
NO CHÃO. FERNANDA CHORA.

PAULA FICA SOZINHA, OLHANDO PARA O GESSO. ORGANIZA
ALGUMAS CAIXAS. GUARDA TODOS OS OBJETOS DE VOLTA
NAS CAIXAS. MEXE EM ALGUMAS, ABRE. RETIRA UM CASACO
(O MESMO CASACO QUE THIAGO USA E QUE FOI RETIRADO
DE THIAGO VELHO) DE UMA CAIXA, ACHA LINDO, HESITA,
OLHA PARA ALINE, MAS LOGO O VESTE. FICA VESTIDA COM
O CASACO, OLHANDO PARA A CÂMERA. SORRI. MUITO.

PAULA (IMITANDO ALINE)   22 de agosto de 2011. São muitas lembranças, a Paula está tirando fotos. Esse é o nosso último dia aqui. E também é um dia muito triste porque eu e Paula não vamos mais estar juntas. E pra onde a Paula vai? Eu não sei o que ela vai fazer, coitada! (PAUSA. RI MUITO, UM ATAQUE DE RISO)

LUCIANA ACABA DE CANTAR A MÚSICA PARA O PAI. ELA ESTÁ NO CHÃO, TRANSTORNADA.

FERNANDA (NO CHÃO, TRANSTORNADA, BEM BAIXO) Tucho!
MARIA AMÉLIA Eu deixei o enxoval dele dobradinho. Eu já tinha guardado tudo, mas essa daqui eu deixei separada, pra lembrar dele. Dei de presente pra ele no Natal e ele nunca usou.
ALINE (VENDO PAULA COM O CASACO) O que é isso, Paula?
PAULA Nada, Dona Aline. Eu achei o casaco e achei bonito. De quem é?
THIAGO (IRRITADO) Thiago. Thiago.
FERNANDA Tucho!
THIAGO Fernanda, não me chama mais assim. Eu não sou mais o Tucho, você não é mais a polaca.
FERNANDA Até isso você vai roubar de mim?
THIAGO Me deixa continuar. Por favor.
ALINE (PENSATIVA) Não sei. (PAUSA) Quer pra você?
MARIA AMÉLIA Aos poucos, ela ia se livrando de tudo o que era ela mesma, na forma de coisas dos outros.
FERNANDA (CALMA) Éramos outros? Quando eu deixei de ser o que você imaginava que eu era?
ALINE Pra você. Veste. Eu te ajudo.

LUCIANA SE LEVANTA, TENTANDO SE RECUPERAR.

LUCIANA Parece que sobrou só o pior dele.

MARIA AMÉLIA, SOZINHA, VESTE O PAI COM UMA NOVA CAMISA. NA GOLA DA CAMISA, BEM GRANDE, ESTÁ BORDADO: TIAGO. ALINE VESTE PAULA.

MARIA AMÉLIA Eu bordei tudo dele, pra não confundir com o de ninguém, os chinelos, os pijamas, tudo com o nome dele.
FERNANDA Me desculpa.
THIAGO Eu não acredito em você.
FERNANDA 22 de agosto de... (LEMBRA-SE)... 1938. O dia em que você começou a me esquecer.
PAULA Eu vou sentir saudades da senhora.
THIAGO Isso foi antes.

LUCIANA   Está lindo. Só o Thiago, que você esqueceu de pôr o H.
MARIA AMÉLIA   Oi?
LUCIANA   O H. Thiago, com H.
MARIA AMÉLIA   Você devia ter bordado.
LUCIANA   Ele nem vai perceber, *chérie*.
MARIA AMÉLIA   Até isso a outra ia roubar dela?
LUCIANA   22 de agosto de (LEMBRA-SE) 1979. O dia em que ela ia começar a esquecer.

ALINE E PAULA TIRAM FOTOS.

LUCIANA   Que horas são?
FERNANDA   Que horas são?
THIAGO   Quase 6. (PAUSA) Se pudéssemos nos lembrar, diríamos que se passaram séculos.
FERNANDA   Apesar de tudo, o jardim ainda não tinha murchado.
MARIA AMÉLIA   Quase 6 (PAUSA) Se a outra soubesse não tinha se passado nem um minuto desde que ela foi embora.
LUCIANA   Apesar de tudo, eu gosto do jardim assim. Acho bonito. Cheio de erva daninha, de pulgão, a grama está alta. Mas eu gosto.
ALINE   Quase 6 já! Tá na hora.
PAULA   Você sabe que tinham se passado anos.
ALINE   Vamos fazer um brinde? Pega a garrafa, Paula, pega.
THIAGO   Fernanda, vamos começar de novo. Você entra de novo, a gente faz tudo do jeito certo, do jeito que a gente quer se lembrar. Vamos inventar uma boa memória do último dia que a gente se viu. Vai pro jardim! Levanta, Fernanda!
MARIA AMÉLIA   Eu acho que já está na hora. Vamos gravar já, daqui a pouco eles chegam pra pegar o pai. Eu não te falei antes, mas eu gostei que você veio. Sozinha ia ser mais difícil. Vou gravar por cima da fita do Gil, tudo bem? Volta? Levanta, Pai! Pro jardim!
ALINE   Mamãe sempre dizia que a gente tem que brindar pra não esquecer o momento.
PAULA   Pode ser nas taças chiquérrimas?
ALINE   Vai pegar, então. E na volta a gente começa de novo, combinado? Vai, Paula!

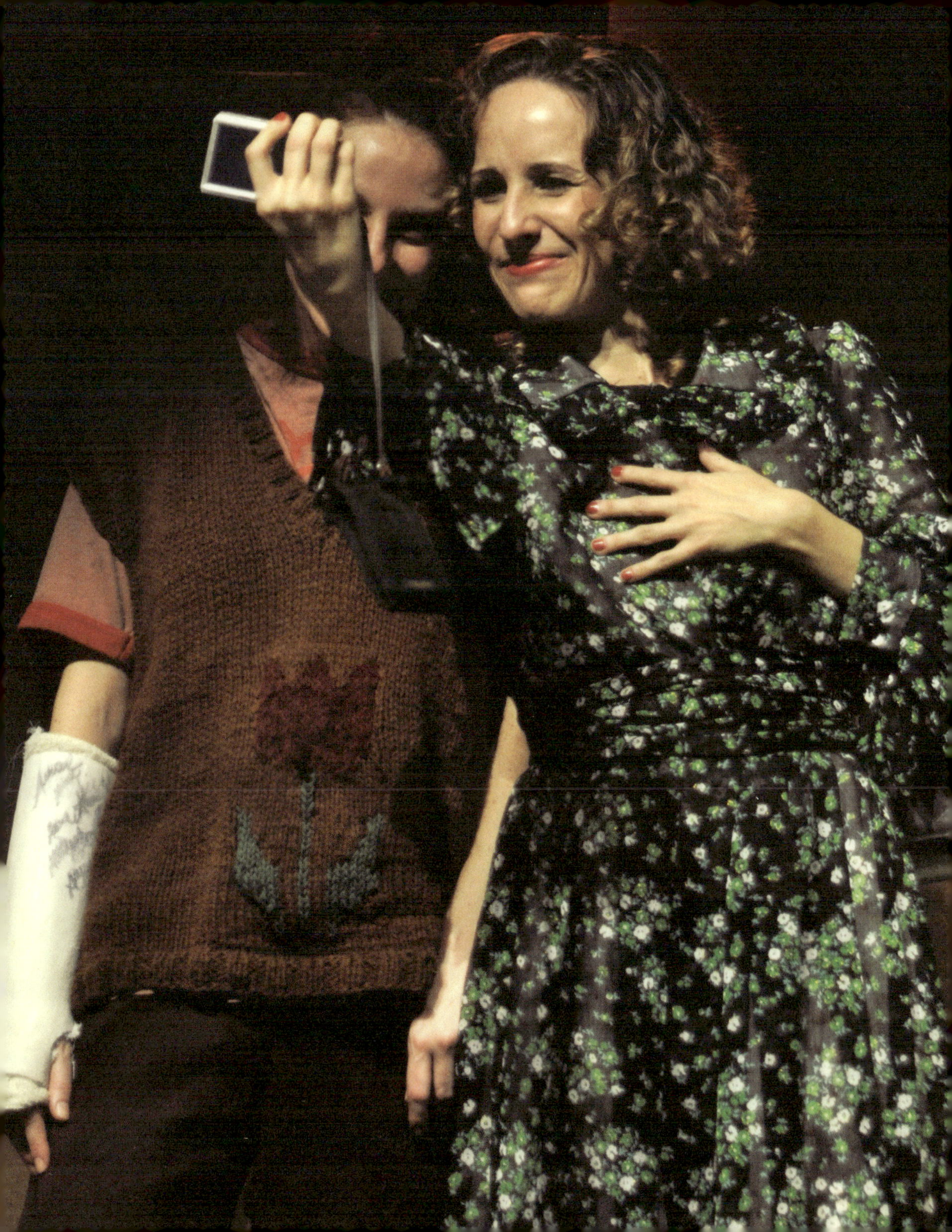

10. NO JARDIM

TODOS OS ESPAÇOS SE UNEM. NÃO HÁ MAIS DIVISÕES ENTRE OS ESPAÇOS, OS TRÊS TEMPOS AGORA SÃO UMA SÓ LEMBRANÇA.

PAULA VAI ATÉ O ESPAÇO 1938 E PROCURA UMA CAIXA COM TAÇAS. OLHA DESCONFIADA PARA THIAGO ENQUANTO PROCURA, DISCRETA. ALINE ESPERA, REORGANIZANDO AS CAIXAS, GUARDANDO OS OBJETOS. ACHA UM GRAVADOR.

FERNANDA ENTRA EM 1979 E PEGA A CAIXA COM FOTOGRAFIAS QUE LUCIANA SEPAROU PARA O PAI. ELA SAI.

MARIA AMÉLIA Vou começar a gravar, tá bom? Aí se der saudade a gente escuta e lembra. Naquela ordem que a gente combinou, tá?
LUCIANA Tá bom.

PAULA VOLTA COM AS TAÇAS.

PAULA Precisava ver a bagunça que está lá, Dona Lili. Tudo ao mesmo tempo.
ALINE (INTERROMPENDO) Achei o toca-fitas da mamãe.

AS DUAS SENTAM-SE, JUNTAS EM UMA CAIXA, COM A GARRAFA, AS TAÇAS E O GRAVADOR.

FERNANDA Oi, Thiago. Eu trouxe uma coisas que sobraram. Sabe essas coisas que perdem a importância quando não tem quem se lembra delas? Você pode escolher o que você quiser. E queria pegar a roupa...
THIAGO (FORMAL) Não precisava se preocupar, Fernanda. Mas obrigado. Deixa aí que eu separo depois.
LUCIANA (PARA O GRAVADOR) 22 de agosto. Hoje é a festa de aniversário do papai. Ele está muito feliz, ele está indo para um lugar lindo, com um jardim florido.
FERNANDA Agora você vai ter um jardim.
THIAGO Vou ter um jardim.
FERNANDA Como nós sempre sonhamos.

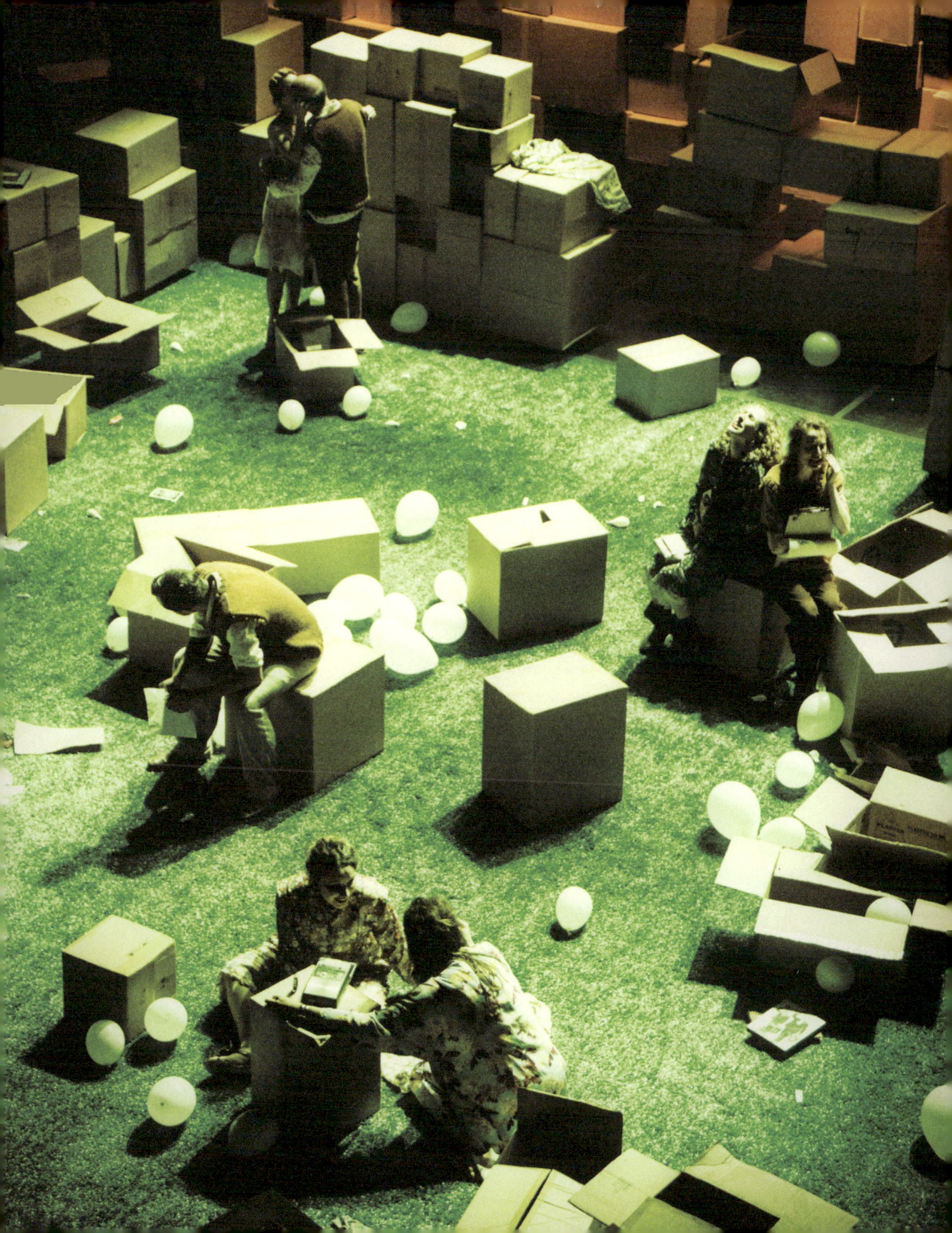

THIAGO Como eu sempre sonhei.
PAULA Como eu sempre sonhei.

ALINE E PAULA SERVEM A BEBIDA.

MARIA AMÉLIA Lu, eu queria aproveitar que a gente está gravando e te dar um presente, pra você nunca esquecer.
FERNANDA Para a sua nova família.
THIAGO Para a minha nova família.
ALINE Ao futuro.

ALINE E PAULA BRINDAM.

MARIA AMÉLIA ATRAVESSA CENA 1938 E PEGA A MÁQUINA DE ESCREVER, NO CHÃO.

MARIA AMÉLIA A Remington do papai. Vai ficar em família.

MARIA AMÉLIA ENTREGA A REMINGTON PARA LUCIANA.

MARIA AMÉLIA Essa já fica pra você. O resto, as coisas grandes, a gente pode sortear. Eu sei como você gosta.
PAULA Dona Aline, se a senhora for doar alguma coisa assim, que não couber lá onde a senhora vai. Eu ia gostar de escolher umas coisas.
ALINE O que você gostaria, pardalzinho?
PAULA Aquela... a máquina de escrever do seu Thiago.

LUCIANA SE EMOCIONA E ABRAÇA MARIA AMÉLIA.

FERNANDA (SE APROXIMANDO DE THIAGO VELHO) Sabe do que eu sinto mais falta?

LUCIANA VAI ATÉ O PAI. ELE PEDE ÁGUA. MARIA AMÉLIA A ACOMPANHA COM O GRAVADOR.

LUCIANA (PARA THIAGO) Pai, olha, a sua máquina de escrever. Lembra. Você escrevia nela todo dia. Tec-tec-tec
MARIA AMÉLIA Tec-tec-tec.

FERNANDA (PARA THIAGO VELHO) Não é de você, mas dos seus bilhetinhos, das suas cartas. Lembra dos bilhetinhos que você espalhava pela casa...

    LUCIANA Você lembra? Teve um dia que eu comecei a brincar com a máquina, eu bati com tanta força, assim, de qualquer jeito. (BATE NA MÁQUINA)

FERNANDA para qualquer bobagem.

    LUCIANA Aí eu te mostrei o que eu tinha escrito. Eu era bem pequena.

FERNANDA Manchando meu vestido com a tinta da fita.

    LUCIANA Aí você me olhou assim. Você tinha bigode. Lembra, pai?

FERNANDA Todos os bilhetinhos, nunca a sua letra. Qualquer bilhetinho batido à máquina.

    LUCIANA Você pegou o papel e falou: "Lu, você escreveu em polonês."

FERNANDA Do seu jeito. (FALA UM VERSO EM POLONÊS)

    LUCIANA Lembra pai? Lembra pai? Lembra pai?

    ALINE RETIRA COM FORÇA A MÁQUINA DE ESCREVER DAS MÃOS DE LUCIANA. ELA RESISTE, MAS PERDE A MEMÓRIA.

    ALINE Pra você, pardalzinho.
    PAULA Não me chama mais assim não, D. Aline.

FERNANDA Quando foi que eu deixei de achar o barulho da sua Remington uma prova de amor?

    MARIA AMÉLIA ARRUMA AS MADELEINES NA FRENTE DELE. AS DUAS ESTÃO AO SEU LADO, EMOCIONADAS. O PAI PEDE ÁGUA.

    PAULA (ENCONTRANDO UM PAPEL NA MÁQUINA DE ESCREVER) O que é isso, Dona Lili?

    ALINE PEGA O PAPEL.

THIAGO PEGA O PAPEL DA MÁQUINA DE ESCREVER NAS MÃOS DE ALINE.

THIAGO Eu, eu escrevi uma última coisa para você.

    ALINE Cadê a escritura, vô?

FERNANDA (RECEBENDO O PAPEL DE THIAGO) Não é isso o mínimo que se espera dos outros? Uma carta de demissão.

FERNANDA ABRE A CARTA E LÊ, EM SILÊNCIO.
FICA EMOCIONADA.

    MARIA AMÉLIA (OLHANDO O GESTO DO PAI) O que será que ele quer? É água. Eu não ia ter me perdoado se não tivesse entendido. (DANDO ÁGUA PARA O PAI). Você sem mim!
        ALINE Onde estão as fitas, Paula?
        PAULA Aqui, tem a trilha internacional da Cabocla, tem Bee Gees.
    MARIA AMÉLIA Vamos gravar, Luciana! Eu começo ou você? Eu posso começar. (PARA O GRAVADOR) Pai, hoje é um dia muito triste pra mim porque eu não vou ter mais você aqui pela casa. Lembra que você.

    AS DUAS CONTINUAM A GRAVAR.

    ALINE E PAULA OUVEM A GRAVAÇÃO (CONTINUAÇÃO DO DEPOIMENTO DE MARIA AMÉLIA E FERNANDA. AS DUAS OUVEM, EMOCIONADAS)

MARIA AMÉLIA (GRAVADO) Pai, hoje é um dia muito triste para mim porque eu não vou ter você mais aqui pela casa. Lembra que você gostava de barba feita, eu fiz. Gostava de docinho de coco, eu fiz.
LUCIANA (GRAVADO) Antes aqui tinha festa. Antes tinha toca da bruxa. Tinha o duque e a duquesa. Tinha a Maria Amélia fazendo dança do ventre.
MARIA AMÉLIA (GRAVADO) Tinha a Luciana cantando.
LUCIANA (GRAVADO) Vamos cantar já?
MARIA AMÉLIA (GRAVADO) Vamos, Aline! Por favor! "Aline"!
LUCIANA (GRAVADO) Tá bom.

MARIA AMÉLIA E LUCIANA PREPARAM O BOLO DIANTE DO PAI, POSICIONAM O GRAVADOR.

    ALINE EMOCIONADA OUVINDO A VOZ DE SUA MÃE E SUA TIA.

DURANTE ESSE DEPOIMENTO GRAVADO, O PAI PEDE ÁGUA
E SE LEVANTA. AS DUAS FILHAS NÃO NOTAM SUA SAÍDA.
THIAGO VELHO CAMINHA ATÉ FERNANDA.

NA GRAVAÇÃO E AO VIVO, ELES CANTAM "ALINE!"

FERNANDA (PARA THIAGO VELHO) Às vezes eu olho pra você
e fico imaginando como seríamos daqui a uns quarenta
anos. Eu e você íamos envelhecer juntos. Eu e você íamos
ter filhos correndo no nosso jardim, na nossa casa. Eu devia
ter bordado meu nome aqui, pra você não se esquecer.
Eu imagino tanto e com tanta força que eu quase consigo
enxergar as rugas riscando seu rosto, pra te lembrar de tudo
o que você viveu sem mim, das músicas que você ainda vai
ouvir, sem mim.

TODOS CANTAM "ALINE!" AO SOM DO GRAVADOR. FERNANDA
E THIAGO VELHO SE BEIJAM.

A MÚSICA ACABA.

LUCIANA Essa madeleine, Maria Amélia. Virei criança de novo.
Não sabia que a vida cabia inteira assim, em um gosto.
MARIA AMÉLIA Está toda suja. Vem, que eu te limpo.

MARIA AMÉLIA LIMPA A BOCA DE LUCIANA.

ALINE Não vamos acabar assim, nesse clima de tristeza.
É um absurdo. (PARA A CÂMERA) Vamos encerrar o vídeo
com alegria. Só as coisas alegres, Paula. (SAI)
LUCIANA Um pouco triste isso. Alguém limpar sua boca.
FERNANDA (PEGA UMA CAIXA E CAMINHA ATÉ THIAGO)
Nem do seu beijo eu me lembro mais. Eu vou me lembrar
de você com amor.
THIAGO Eu já te esqueci.

FERNANDA SAI. THIAGO E THIAGO VELHO SENTAM-SE,
UM DO LADO DO OUTRO.

LUCIANA SAI. MARIA AMÉLIA PERMANECE OLHANDO PARA
THIAGO VELHO E THIAGO, EM SINCRONIA. É UMA DESPEDIDA.
PASSA A MÃO NA BARRIGA. LOGO ELA TAMBÉM SAI. PAULA
FICA SOZINHA.

ESTÃO EM CENA, USANDO O MESMO CASACO, PAULA, THIAGO
VELHO E THIAGO.

      PAULA (PARA A CÂMERA, BEM BAIXO, IMITANDO ALINE)
Vamos encerrar o vídeo com alegria. Só as coisas alegres, Paula.
Au revoir.

THIAGO E THIAGO VELHO EM SINCRONIA.

THIAGO VELHO (CANTA) *Padadoudi doudadoudé
doudoudi doudidou...*

LUZES SE APAGAM.

      <u>FIM</u>